国家自然科学基金项目：基于地理位置数据分析的游客流动复杂网络多尺度演化及其组织模式（项目编号：42101233）

江苏省高校哲学社会科学基金一般项目: 基于地理位置数据挖掘的旅游流复杂网络多尺度演化机制与模式研究：以江苏省为例（项目编号：2021SJA0536）

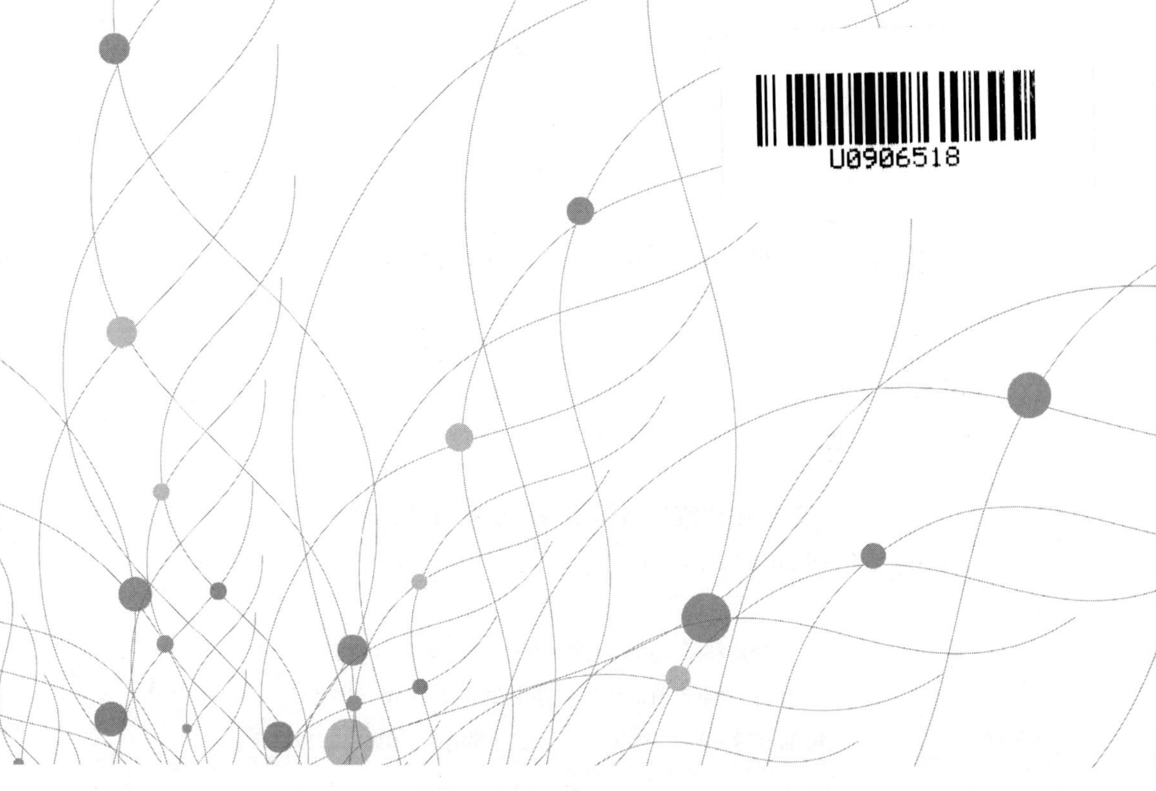

入境旅游流复杂网络的尺度特征与演化模式

徐　敏◎著

中国财经出版传媒集团
经济科学出版社
Economic Science Press
·北 京·

图书在版编目（CIP）数据

入境旅游流复杂网络的尺度特征与演化模式 / 徐敏著. -- 北京 ： 经济科学出版社，2024. 10. -- ISBN 978 -7 -5218 -6427 -4

Ⅰ. F590. 84

中国国家版本馆 CIP 数据核字第 2024DR7043 号

责任编辑：刘战兵
责任校对：杨　海
责任印制：范　艳

入境旅游流复杂网络的尺度特征与演化模式
RUJING LÜYOULIU FUZA WANGLUO DE CHIDU TEZHENG YU YANHUA MOSHI
徐　敏　著
经济科学出版社出版、发行　新华书店经销
社址：北京市海淀区阜成路甲 28 号　邮编：100142
总编部电话：010 -88191217　发行部电话：010 -88191522
网址：www. esp. com. cn
电子邮箱：esp@ esp. com. cn
天猫网店：经济科学出版社旗舰店
网址：http：//jjkxcbs. tmall. com
北京季蜂印刷有限公司印装
710 ×1000　16 开　12. 25 印张　180000 字
2024 年 10 月第 1 版　2024 年 10 月第 1 次印刷
ISBN 978 -7 -5218 -6427 -4　定价：56. 00 元
（图书出现印装问题，本社负责调换。电话：010 -88191545）

前言

移动互联网的快速发展，极大地改变着人们的行为方式，网络空间的“大数据”为旅游学研究提供了良好的基础素材。以图片社交网站为代表的新兴网络社交方式得到了迅速发展，使“互联网+旅游”成为快速融合的统一体。随着当前互联网大数据的兴起和对地理空间的认识加深，越来越多的学者开始逐步拓展地理空间的属性和内涵，“网络范式”的转型和对“流空间”科学认知的不断升温，对于旅游目的地的研究不再局限于某一个城市的内部，而是更多地关注从多时空尺度的视角来刻画和分析由“流数据”产生的城市间网络体系及其内在关联。游客流动不仅是基于空间组织的城市内部尺度获得游客精确轨迹的重要前提，更是基于社会经济和旅游活动密切联系的区域尺度形成的原始动力和核心表达。游客流动网络体系的成长和形成，进一步诠释了当今社会的流动性特质，其不断变化的流动形式时刻改变着目的地网络体系的特征、功能、结构和关系，成为当前学术界关注的焦点。随着城市集聚功能的日益增强，地理空间邻近的区域内部，景区间的联系变得更加紧密而复杂，形成一种非线性的复杂网络关系。正是这种复杂网络的形成产生了更为广泛的空间影响力，将不同性质、不同等级、不同规模的景区聚焦在不同时空尺度下，在流空间的引导和作用下发挥着各自节点的功能与价值。

本书遵循发现问题、分析问题、解决问题的研究思路，综合多学科的理论与研究方法，围绕“特征分析—过程分析—机制探讨—模式提炼”的研究主线，着重探讨了入境游客流动网络结构的多时空尺度特征及其演化模式这一科学问题，研究内容共分为三大部分。第一部分是基础研究部分，包括第1章和第2章，主要阐述研究背景、研究目标与研究意义、研究思路与研究内容、研究方法与技术路线、研究区概况与研究对象，界定了旅游网络、多时空尺度等相关概念，并对国内外相关研究进行了述评与展望，给出了本书的理论基础。第二部分是实证部分，包括第3章至第6章，为本书的核心部分，对获得的入境游客信息进行数据挖掘和数据运算，并给出网络构建的思路与方法，为研究的有序开展提供素材。同时，重点分析了入境游客流动的网络结构特征、时序特征及其空间变化特征，在此基础上分别从多时间和多空间进行了入境游客流动的多时空尺度演化分析，并以此归纳和总结及提炼典型模式。第三部分是结论与展望部分，即第7章，得出本书的主要研究结论、创新之处、存在的不足与未来研究展望。

本书基于地理标记照片数据，综合运用数据挖掘技术、社会网络分析技术、GIS空间分析技术以及聚类算法等多种分析技术和方法，对入境游客流动网络结构的多时空尺度演化过程及其模式进行分析，尝试性地构建不同时空尺度下入境游客流动的典型模式，为旅游流动的复杂网络演化提供理论依据。研究结果表明：第一，从流动节点的等级来看，对于苏州来说，拙政园、留园、北寺塔、平江路历史街区、观前街、寒山寺、虎丘、狮子林构成了游客流动网络的核心节点，在城市内部流动网络中占据主导和支配地位。对于苏锡常地区来说，拙政园、留园、虎丘、观前街、金鸡湖、平江路历史街区、灵山胜境、狮子林、寒山寺等景区构成了苏锡常地区的核心节点，支配着流动网络的变化方向。对于长三角地区来说，上海迪士尼、西湖、夫子庙—秦淮风光带、东方明珠、拙政园、上海外滩、钟山风景区构成了区域旅游网络中的核心节点。第二，针对苏州、苏锡常地区和长三角地区分别进行2010年、2014年和2018年的日、月、年及不同流量约束和不同距离约束的分析，结果表明，在日度尺度上，对于苏州地区来说，入境游客流动呈现较为明显的以古城区中心景区节点为核心、向城市内外围节点延伸的放射性特征。对于苏锡常地区来说，苏州城市内部节点间的流量始终占据较大比例，尽管尺度已从原来的苏州城市内部扩大到苏锡常地区，但苏州内部核心节点依然能够构成对跨城市节点的影响，形成了以苏州内部中心节点为核心、向城市内部外围节点及城市外部节点延伸的放射性特征。对于长三角地区来说，城市内部景区节点随着时间的推移显著增多，同时跨城市节点间联系也明显增强。相较于日度尺度的流动网络，月度尺度和年度尺度下的流动网络变得相对稳定但更为复杂，总体上呈现的流动特征与日度尺度存在相似性。第三，针对多空间尺度的演化分析表明，在不同的流量约束下，苏州、苏锡常地区和长三角地区的流动网络发生了较大变化，主要体现在：苏州城市内部节点间由于受到流量的约束，节点及节点间的路径发生了较大改变，但“核心—边缘”结构始终存在，苏州城市内部节点的流动网络始终以姑苏古城区的中心节点为核心，向周边放射性地发散，空间上形成“锥子形”的空间结构模式。与苏州相比，苏锡常地区在流量的约束下，呈现出以苏州城市内部中心景区为核心、向城市内部的外围节点及城市外部节点延伸的放射性特征，空间上形成“一核多点”的空间结构模式。相对于苏州和苏锡常地区，长三角地区流量的约束促使其内部结构特征越来越明晰，城市内部节点和节点间的跨城市间联系密切，随着时间的推移，城市间的流量变化也越来越明显，在博弈的过程中，城市内部节点间流量始终占据主导，支配和控制着流动网络的稳定发展，空间上形成了以上海、南京、杭州、苏州、宁波等城市内部中心节点为核心、城市内部节点及跨城市节点间密切联系的“多边形”空间结构模式。

目录

第1章

绪　　论

1.1　研究背景

1.1.1　旅游业发展全面进入互联网“大数据”时代

移动互联网时代“大数据”的产生和发展，已经深刻影响着社会经济的诸多领域，改变着传统的消费方式，并加速了社会的转型，成为近年来社会经济活动创新和变革的助推器。旅游作为时代经济的产物和现代生活方式的重要组成部分，已与快速发展的互联网融为一体，在信息技术时代的引领下，不断提升自身的内涵与外延。“互联网+旅游”和“旅游+互联网”的不断深化与融合发展，客观上加快了旅游业产品升级的速度和深度，对旅游业的提质增效提出了更高要求，成为新兴的国民经济消费热点和区域发展的新经济增长点。正是互联网和旅游的深度融合，促使旅游业在信息时代呈现出明显的优势和特征，加快了旅游业在消费层次、消费方式及消费深度方面的重大变革。旅游者由过去相对传统的被动旅游不断向主动旅游转变，由过去较多地依赖旅行社团体出游不断向利用互联网工具的自主订单方向转变，这种转变的内在动因正是信息革命下互联网的迅速普及。互联网（移动互联网）为游客提供了大量的旅游活动信息和消费产品内容，促使游客在充分获取有效信息的情况下进行旅游行程的自我安排，信息的双向互动既方便了游客对互联网利用的有效性，同时也提升了游客的出游动机，加上大数据驱动的变革，使旅游在消费点评、消费数据及消费方式上更容易提高游客的主动参与性。在这场信息变革中，游客获取了更大的主动性和体验性，不断在互联网上留下旅游信息和消费感受，享受旅游变革带来的快捷和消费体验，不断延展旅游消费时间和消费空间，这无疑增加了旅游管理部门对游客了解的深度和广度，为产品品质的提升和类型内涵的挖掘，提供了极具价值的信息。同时，旅游管理部门也通过这种有效的信息传递，及时了解和熟知游客的心理活动和预期，方便制定有效的管理措施和政策建议，不断提升游客的消费深度及对旅游目的地的整体满意度。

旅游信息技术的不断提升也为企业经营主体和经营管理者提供了便利，利用旅游网络技术建立的用户数据、消费数据、搜索习惯及旅游目的地信息等为经营管理者制定满足游客需求的方案提供了重要决策依据。据此设计的针对性旅游产品既方便了旅游者的深度体验活动，又能充分发挥互联网强大的功能和广泛的宣传能力，从而进行行之有效的市场推广和智能化服务，为游客不断增长的多元化需求提供了重要保障。因而如何在大数据时代，充分利用大数据来发现旅游者的流动规律、完善旅游目的地的政策管理、提升旅游企业的运营水平，引导旅游者的决策行为，都是亟待关注的话题。

1.1.2 网络社交媒体成为旅游研究的新兴数据来源

近年来，得益于互联网技术的快速发展，网络社交媒体不断出现，加速了人们对互联网移动技术的使用和依赖，促进了携程网、同程网、新浪微博、图片社交网站、博客论坛等新兴网络媒体的快速推广。网络信息的可获取性及对旅游信息的广泛需求加速了互联网和旅游的深度融合，使越来越多的旅游者借助互联网的强大功能，获取相关旅游信息和分享各类旅游体验，并被网络设备自然生成和记录。正是这种人们内心真实需求的有意识或无意识的自然表露所展示的各种数据信息及对数据的挖掘处理，对于及时了解、客观分析、全面掌握旅游者的流动过程和流动规律及其个性化旅游消费需求显得格外有效，尤其是对旅游目的地提高旅游体验产品质量和旅游消费水平、提升游客整体满意度、提高精细化管理水平更为重要。当前，随着旅游需求不断增长，人们对旅游业的供给提出了全新的要求，不仅需要其提供更高品质的旅游活动和服务质量，还需在游前、游中及游后能够对全部过程的体验加以表达和反馈，以表达对旅游过程的全方面感受，也正是因为此类信息在互联网上得以不断记录和保留，才使信息的有效性和价值得以充分体现，客观上促进了旅游大数据的诞生，也加深了互联网和旅游的融合程度，两者的精细化合作越来越密切。业界和学界都在呼吁对旅游大数据进行充分挖掘和有效利用。互联网和旅游发展存在天然的亲和力，无论是“旅游+互联网”，还是“互联网+旅游”的组合方式，这种亲密性均得到广泛认可，推动了网络社交媒体的不断发展，为旅游大数据应用的不断成熟和发展提供了前提条件。

随着大众旅游时代的到来，人们外出旅游越来越倾向于选择利用互联网收集、获取信息和对目的地进行判别。互联网为旅游者的行为决策提供了条件保障，加上社交媒体的不断发展，越来越多的旅游者愿意通过互联网获取和分享各种信息及旅游活动体验，这也加速了新兴数据源的不断更新和发展。计算机数据挖掘技术的不断发展，为学界在利用旅游大数据上提供了重要的技术支持，这种方式也很好地弥补了过去传统问卷、统计资料等数量较少的不足，为旅游大数据的学术创新提供了优越的数据保证。因此，社交媒体及对互联网大数据的形成和应用，对于当前旅游的学术创新和发展，无疑起到重要的引领和支撑作用。

1.1.3 游客流动多时空体系迫切需要深度的学术关照

全球流动在近一个世纪大大增强，成为贯穿当代社会现实的新的时代精神。资本、物体、人和信息与日俱增的移动性正在将一个“社会性的社会”建构成“流动性的社会”（孙九霞等，2016）。地理学从关注空间的横向扩展和动态演化，发展到从时空结构的改变探讨空间流动及其对个体或者社会产生的意义（江泓源，2017）。人类社会活动的广泛深入，使不同空间的组织关系与结构发生了很大变化，而引起这种变化的正是移动现象的出现，随后移动性逐渐进入了人们的视野（黄潇婷，2016）。由空间移动带来的空间流动现象也越来越广泛，因而，“移动范式”的出现引发了学界的极大关注，旅游者的时空流动也正是移动发生变化的必然结果。随着地理学行为研究的不断深入，地理空间的表达和流动空间的分析不断得到深化，由游客流动的现象本身逐渐转向流动空间的考察，也从流动的特征分析逐渐转向流动机理的揭示，这期间，“新流动范式”不断得到增强和深化。流动性不仅是景区尺度的基本特征，更是基于空间组织的城市内部尺度和基于社会经济和旅游活动密切联系的区域尺度形成的原始动力和核心表达。

基于多时空尺度的游客流动性的研究，从背景分析、数据采集与处理、分析与提炼、理论提升与总结及实践应用等多个视角，形成了旅游流动研究的基本范式。然而，当前对于游客流动性尺度的研究，主要体现在国家、省域、地区之间的宏观尺度上，尽管已经取得了较为丰富的研究成果，但进行多时空尺度的研究较少，特别是多时空尺度下游客流动的综合研究更为匮乏。旅游流动研究的时空间尺度体系尚未真正建立，迫切需要在理论上对多时空尺度的游客流动的特征、过程、格局、机理及模式进行梳理、总结和提炼，增强对多时空尺度游客流动内涵的深刻解读。此外，从地理学的研究范式出发，旅游流动研究大致经历了经验科学范式和实证科学范式，为旅游行为学的研究奠定了重要基础。近年来，中国人文地理学的研究逐渐开始对人的空间行为予以正面关注，空间行为研究的重要性得到认可，并紧随着西方地理学的社会转向、行为转向和人本转向的趋势。互联网的快速发展和记录游客流动特征的海量数据产生，深刻地改变了传统旅游流动的研究方式，极大地推动了科学研究范式的变革。因而，迫切需要从地理学研究范式出发，进行大数据科学范式的尝试。利用地理信息技术和社会网络技术的支持，立足信息化、网络化时代的游客流动特点，重新认知和审视游客流动多时空尺度的变化规律，积极寻求和尝试构建多时空尺度下的演化模型，成为亟待解决的重要学术理论问题。

1.1.4 目的地旅游发展寻求更为广泛合作的现实需求

旅游流动的过程通常伴随着物质流、信息流、资金流和文化流的转移。对于游客来说，这个过程不仅发生在景区节点之间，城市内部及跨城市的区域间同样存在，这为游客流动的空间分析提供了前提条件。随着旅游大发展时代的到来，旅游目的地间的分工与合作现象更加明显，这也是区域旅游发展的必然结果，资源共享、互通有无成为时代背景下目的地发展的特征和趋势，这就要求旅游目的地不仅要提升自身的旅游竞争能力，还要寻求与其他目的地建立更为广泛的合作关系，通过资源整合、产品错位、市场共享、信息共用等共同建立具有协作意识的利益共同体，只有如此，才能在激烈的市场竞争中占有一席之地，为目的地的可持续发展奠定坚实的基础。随着目的地间旅游合作化进程的不断加深，游客流动路径开始逐渐影响城市交通网络发展和旅游项目布局，并对沿线基础设施建设的提升和其他产业结构的拓展产生深刻影响，在一定程度上加速了旅游空间结构和旅游功能的改变。因此，目的地间游客流动成为一个重要的学术问题，也是目的地建设与旅游发展以及目的地间寻求更广泛旅游合作的现实需求。同时，对游客流动的分析、表述、归纳和总结，有利于理清不同要素在节点间的转移和动态变化，对于节点地位的分析和研判具有重要价值；对游客流动空间特征及形成机制的分析，有利于把控游客对节点的偏好选择及对影响要素的揭示；对不同要素及游客偏好的深入分析，可以为目的地制定科学合理的政策和游客行为引导措施提供依据。

游客流动是旅游者的空间位置发生移动引起的现象，游客在流动过程中形成了旅游网络，节点、网络、结构要素全面刻画了旅游流动的网络特征，中心性、结构洞、连接度、网络社群等综合反映了旅游目的地的连接程度和重要性。复杂的旅游网络体系一般呈现出中心节点、核心节点、边缘节点、孤立节点及节点分布的均衡与离散和流动的时序变化特征与过程，这对于深化目的地间旅游发展的分工与协作、寻找节点在网络中的地位和作用及其各自扮演的角色具有很大的价值和现实意义。此外，以多时空为研究尺度，能够更加直观地描绘出各地区各城市间及城市内部景区节点间存在的空间结构联系与游客流动方向，对于各旅游目的地实现合作发展和优势互补具有重要作用。

1.2　研究目标与研究意义

1.2.1　研究目标

本书借助地理标记照片挖掘技术，获取入境游客流动的信息数据，从景区节点、流量、子网络视角探讨入境游客流动的多时空尺度的特征及其变化规律，揭示游客流动多时空尺度演变的驱动机理及其演化模式，旨在为政府科学制定游客引导措施、建立热点旅游地的预警与调控机制及寻求广泛的旅游合作，实现景区及城市的精细化管理和可持续发展，提供理论支撑与决策参考。

首先，通过对地理标记照片入境游客流动的数据挖掘，解析不同时空尺度的游客流动特征，从节点、流量、子网络角度进行实证分析、对比与综合，全面梳理游客流动研究方法的适用性及对研究结果产生的影响，提炼出游客流动研究的一般法则，为揭示游客流动多时空尺度特征与演变规律提供有效的测量工具与理论依据。

其次，运用数据挖掘技术、社会网络分析技术和地理信息系统（GIS）空间分析技术等多种分析方法，分别对入境游客流动的多时空尺度特征进行解析，探寻影响不同尺度下游客流动的关键因子及其内在联系，揭示游客流动演变的驱动要素与作用机理，拓展对游客流动多尺度的综合研究及其在尺度上的认知深度，丰富旅游地理学和行为地理学的理论内涵与方法体系。

最后，在对游客流动特征、变化过程研究与分析的基础上，提炼和抽象演化模式，并在不同时空尺度典型模式的指导下，提出具有针对性的建议和措施，为加强游客的分流治理、科学引导与旅游安全及对旅游目的地的有效保护与精细化管理提供科学依据和应用示范。

1.2.2 研究意义

流动性表征了旅游地域系统要素间的内在关系，深刻影响着旅游地域网络结构的演变过程和方向。本书借助地理标记照片挖掘技术，分析和测算入境游客流动的网络结构特征，探讨和理清游客流动网络结构的多时空尺度演化过程，分析和揭示影响游客流动多尺度变化的重要因子及其作用机理，尝试构建和提炼不同时空尺度下的复杂旅游网络结构的演化模式，总结和提出不同模式指导下的旅游发展策略，为旅游流动的复杂网络演化提供理论参考和应用示范。

1.2.2.1 理论意义

本书以入境游客流动的数据为基础，构建基于游客流动的多时空尺度及其演化模式的研究框架。本书的研究将有助于推动游客流动多时空尺度的行为特征的挖掘与分析，推动研究尺度从相对单一的尺度向多时空尺度体系延伸，推动研究数据从传统的数据收集向旅游大数据获取方向转变，推动研究内容从游客流动的地理空间向虚拟空间拓展，推动研究范式由经验和实证研究向大数据科学范式转向，构建符合中国国情的旅游流动研究的理论体系和基本范式。本书的研究结果将进一步深化多时空尺度游客流动规律和人地关系的科学认知，深化对"活动—移动"的多时空尺度与"流动—空间"的互动机理的理解和揭示，进一步丰富现代旅游地理学、行为地理学及时间地理学研究的理论内涵与方法体系。

1.2.2.2 现实意义

本书立足于互联网社会的信息发展以及旅游者对信息社会广泛需求的时代背景，研究入境游客流动的多时空尺度特征。这一研究的有效开展有助于发现游客流动的时空间节点，促进政府制定科学的行为引导措施，带动旅游消费需求升级，提出面向公平的空间优化策略，提升游客整体满意度和服务质量；有助于发现入境游客流动的时空尺度演变规律，促进目的地加强旅游产品质量提升，优化基础配套设施，提高旅游服务质量水平，实现热点旅游地的客流预警与分流治理；有助于发现入境游客流动多时空尺度的驱动要素与动力机制，促进旅游要素的转型升级；有助于发现多时空尺度游客流动的演化模式，促进政府加强旅游线路组织和目的地间广泛的旅游合作，增强旅游目的地的管理能力及可持续发展力。

1.3 研究思路与研究内容

1.3.1 研究思路

本书以入境游客流动为切入点，基于游客流动的地理标记照片数据，开展入境游客流动网络结构的多时空尺度演化及其演化模式的研究，围绕

“特征分析—格局演变—机制揭示—模式提炼”的研究主线，综合运用数据挖掘技术、社会网络分析技术、数理统计与GIS空间分析技术等多种技术方法，致力于游客流动复杂网络结构的特征和多时空尺度格局的探讨，揭示苏州、苏锡常地区和长三角地区入境游客流动的演化规律。具体表现在：其一，系统分析国内外相关研究进展，提出本书研究的科学问题，详细阐述本书的理论意义和现实意义；其二，运用社会网络分析方法、时间序列分析方法及DBSCAN聚类密度算法，分析不同时空尺度下的入境游客流动网络结构变化特征；其三，运用流量约束和距离约束揭示游客流动网络结构的演变规律，提炼不同时空尺度下的典型模式，提出不同模式指导下的旅游发展对策和政策建议。

1.3.2 研究内容

本书主要内容总共安排7章构成，各章的内容如下。

第1章：绪论。详细阐述本书的研究背景、理论意义和现实意义、研究目标、研究方法、基本思路、技术路线及相关概念界定，提出本书研究的问题，指出研究目标的意义和价值，明确研究思路和研究框架。

第2章：国内外研究进展及其理论基础。结合国内外研究最新动态，全面梳理旅游流、旅游网络、旅游空间结构的最新进展，总结相关研究进展的优点与不足，为科学问题的提出奠定重要基础。同时给出本书的理论基础，主要包括旅游系统理论、旅游社会网络理论、旅游空间结构理论及旅游者行为理论，为整个研究提供扎实的理论依据。

第3章：研究范围、数据来源与网络构建。明确本书的研究范围，给出数据来源的详细说明并对原始数据进行数据处理，建立数据库。同时根据选题内容，阐述构建入境游客流动网络形成的理论方法和过程。

第4章：入境游客流动的网络结构特征分析。通过对复杂旅游网络的节点结构特征、流动网络的时序特征及流动网络的空间特征的全面分析，总结和对比不同时段流动网络的变化特征及呈现的变化趋势，为复杂网络的演变奠定量化依据。本章重点分析流动网络的时序特征和空间特征，为入境游客网络结构的多时空尺度分析提供基础素材。

第 5 章：入境游客流动网络的多时空尺度演化。在第 4 章分析的基础上，针对入境游客流动网络的时间、空间进行实证分析，时间尺度上以日、月、年为尺度单元，空间尺度以苏州城市内部、苏锡常地区、长三角地区为尺度单元，构建基于多时空尺度下的入境游客流动的典型模式。

第 6 章：入境游客流动网络的多时空尺度演化模式。解析不同尺度游客流动的影响因子，关注游客流动与内外部因素的相互关联，利用多元回归分析和广义矩估算等数理方法，分析和揭示游客流动影响因子之间的相互驱动过程及其作用机理，进一步对比分析，总结和提炼典型模式，提出不同模式指导下的旅游发展对策和建议。

第 7 章：结论与展望。根据各章的实证分析，围绕主要研究结果进行总结，从理论内涵和研究方法上提出本书的创新之处，指出本书存在的一些不足，以此为依据，展望未来研究需要补充和完善的内容与方向。

1.4 研究方法与技术路线

1.4.1 研究方法

一是文献解读与理论总结。系统梳理和归纳总结国内外旅游地理学、行为地理学及时间地理学关于旅游流研究的相关理论与研究成果，充分掌握国内外研究动态，厘清多时空尺度游客流动研究的理论观点，构建本书的理论框架，明确不同时空尺度的游客流动规律揭示与演化模式提炼的研究方向与整体思路。

二是数据挖掘与数据处理。全面梳理和收集研究区的社会经济和旅游业发展的相关统计数据，充分借助数据挖掘技术，针对地理标记照片社交网站，进行游客流动数据的深入挖掘和综合判读，归类、分析和提取有效信息，建立入境游客流动信息数据库。

三是空间分析和计量分析。综合运用社会网络分析技术、DBSCAN 聚类算法、GIS 空间分析等技术方法，解析游客流动的时空间特征及其格局演变，揭示游客流动多时空尺度演变的一般规律与表现形式。借助季节指数和滤波分析等时间序列分析方法，探讨游客流动在不同时间尺度的变化特征。

四是比较分析和综合提炼。通过对游客流动多时空尺度的特征解析及比较分析，为游客流动多时空尺度的综合研究和整体分析提供量化依据。针对影响不同尺度游客流动的重要因子及其作用方式的挖掘与分析，抽象和提炼多时空尺度的游客流动的演化模式，从而为其他案例区提供借鉴和参考。

1.4.2　技术路线

本书围绕“网络构建→特征分析→格局演变→机制揭示→模式提炼”这一主线”，组织开展基于入境游客流动网络结构的多时空尺度特征及其演化模式的研究，整体思路将遵循“基础资料准备—流动格局演化—流动规律揭示—典型模式提炼”的研究脉络，通过多学科、多技术、多方法的交叉集成，采用定量与定性相结合、空间分析与结构特征相结合、理论梳理与实践应用相结合、综合对比与法则识别相结合的多种研究方式，聚焦多时空尺度游客流动的特征、格局、机制及模式的综合研究，实现对游客流动多尺度内涵的理论突破与方法创新。本书的技术路线如图 1－1 所示。

研究内容
理论与思路
方法与技术
数据资料准备与数据获取
相关理论综述
国内外动态分析与科学问题提出
Flickr门户网站、地理标记照片爬取
游客数据信息的提取与分类
数据爬取、统计分析
游客流动网络结构的过程分析（特征与格局）
游客流动网络多时间尺度分析
日、月、年度其对比分析
游客流动网络多空间尺度分析
苏州、苏锡常及长三角地区多尺度网络格局表达与演化
时间序列模型（滤波分析）、GIS空间分析、社会网络分析、自然语言方法、DBSCAN聚类……
时间序列的周期波动分析、空间可视化表达……
游客流动网络结构演化的机制揭示
主导因素的提取与分析
研究区内外部因素的主成分分析、因子检验与识别
流的驱动机制
关键因子的相互驱动过程与作用方式
主成分分析、多元回归、GMM估算分析、质性分析……
游客流动网络结构演化模式的提炼
旅游流动的典型模式分析
不同尺度的演化模式抽象与提炼、归纳、梳理和总结模式
比较分析典型模式
对比分析不同时空尺度的模式特征
比较分析与综合集成、归纳和总结、质性分析、定量分析……
成果凝练与本书总结
凝练研究成果、形成本书的总结

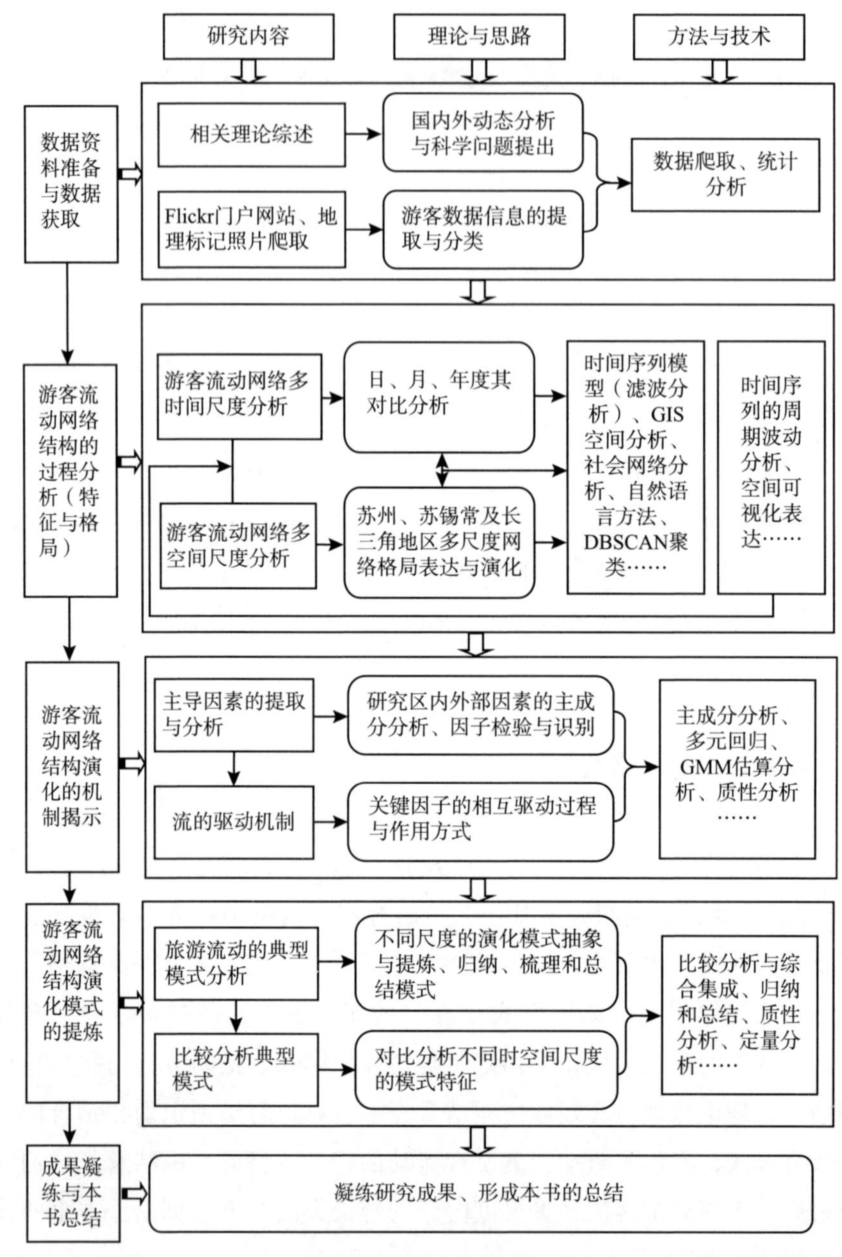

图1-1　本书的技术路线

1.5 相关概念界定

1.5.1 旅游网络

旅游流动的过程本质上是物质流、信息流、资金流和文化流的转移过程，表征了流动对象的复杂性和动态性，其中，游客流动扮演着极其重要的角色，游客流动的发生过程引导着不同要素在空间上的流动，是旅游地域内最为主要的流动变化现象。游客流动之所以在空间上能够呈现流的形式，主要是因为共同的旅游需求使游客出现集体性空间位置移动的现象。正是由于这种流动现象的存在及其在空间上节点间的位置移动，客观上形成了不同的节点、连线、流量及其关系，这种复杂的外在表现形式在旅游地域系统中称为旅游网络。在这个复杂的系统内部，节点间产生关系，通过连线对关系加以表达，随着节点间的关系变化，连线的复杂程度也随之变化，最终形成了形态各异、差异明显的旅游复杂网络。对于旅游网络来说，节点是网络形成的重要基石，是游客流动位置发生变化的交换点；关系是节点间地位的重要考量参数，成为节点产生联系的前提和基础；连线是节点及关系的有效表达，是用来表示节点间关系程度的标尺（李欣存，2016）。不同节点、不同关系、不同连线的共同作用形成了不同性质和不同功能的旅游网络。同时，旅游网络在某种程度上具有矢量性，节点间的关系通常由流量和流向组成，在不同的节点及流量的时空尺度下，往往会形成差异明显的旅游网络。节点越多，关系越复杂，形成的旅游网络差异也就越明显，对于旅游地域系统的影响程度也就越深刻。因此，本书认为，旅游网络是节点、关系及连线的统一体，是旅游者在旅游活动中将不同的节点通过交通媒介进行有效串联形成的复杂关系的集合。

1.5.2 多时空尺度

尺度一词在不同的学科中有着不同的解释和表达。目前在地学、生物学、遥感学及气象学中均有所涉及（孟斌，2005）。地学中的尺度是自然和人文过程中的时空域上的特征量度。尺度是存在大小之分的，可以在时间上无限延伸和缩小，也可以在空间上进行大小细分，尺度的时空域上的细化是无穷无尽的。同时，尺度具有不同的类型。在地学中，舒尔茨（Schulze，2001）把尺度分为研究尺度、过程尺度以及操作尺度。随着研究的不断深入，学者们相继对尺度进行了细分，按照不同的属性将尺度划分为空间尺度、时间尺度、组织尺度、功能尺度等（尚正永，2011），但事实上，由于尺度本身存在多种属性，又分别从属于不同的学科，因此，尺度的类型划分是存在困难的，其原因在于尺度间存在叠加、关联及耦合特征，这种特征往往会将尺度中存在的特征进行隐藏，无法从中发现尺度带来的变化特性。地理学中通常把尺度和时间及空间进行有效连接，以此发现地理事物的变化特征，在这一主线下，尺度的分析往往将格局和过程紧密联系，这也正是地理学研究的主要脉络。地理事物的变化过程和格局演变，在不同的尺度下表现出不同的特征，通过尺度的介入，揭示不同尺度下地理事物的演化规律。基于此，尺度往往是在特定条件下进行的界定，是相对的而不是绝对的，尤其体现在地理学中，尺度贯穿于整个地理学研究的历史长河。

由于尺度具有层次性和复杂性，地理事物的变化存在演化的过程，因此，在理论研究中，也需要建立相应的尺度体系。德尔科特（Delcourt，1998）提出了四个尺度域：微观尺度域、中观尺度域、宏观尺度域和超级尺度域。当然，这种尺度体系还可以在实际研究中进行更为精细的划分和界定。随着近年来地理学者对尺度问题研究的不断加深，研究人员通常选择更容易操作的尺度，行政单元往往成为学者优先选择尺度的标准，为尺度在不同地域上的分析结果及其对比提供了可操作的空间。当然，尺度的研究也存在多样性，一些非行政单元也成为学界相继进入的领域，主要考虑到客观情况的存在和研究案例的意义与价值，如城市、都市圈、城市群等，这些尺度的划分为研究的不断深化和尺度内容上的拓展提供了新的研究视角。此外，尺度还存在变异性和关联性，地理学中的尺度通常与格局和过程联系，而格局与过程在不同的尺度上会表现出不同的特征，正是这种变异性增加了跨尺度研究的必要性，不同尺度的现象和过程之间存在相互作用、相互影响，又表现出应有的关联性特征。换言之，大尺度上的变化影响小尺度，小尺度的改变同样也会作用于大尺度，这也正为地理学不同时空间尺度上的研究带来了新的议题，也加强了地理学者对多时空尺度问题研究的必要性和紧迫性。基于此，本书结合旅游流动的特点，将游客流动的多时空尺度界定为在不同的时空间上表现出的游客流动特征、过程、格局的变化及其内在联系的量度，表征了旅游流的尺度特征及其在不同尺度上的层次性和关联性。

1.5.3　游客流动网络空间结构

旅游网络表征了旅游地域系统内部的节点、关系及连线的关联程度，这种关联性通常是存在相互联系和相互影响的。通过对旅游网络内部关联性的分析及其抽象化的表达，可以提炼旅游网络空间结构。不同的节点及其集合，在不同的连接方式下组成关联程度不同的旅游网络，客观上也就形成了不同功能的空间结构，这种空间结构通常是对复杂旅游网络的抽象和表达，但并不是所有的旅游网络都会形成空间结构，只有节点、关系及其连线相对复杂，且在空间上具备一定的稳定形态，这种旅游网络才有可能表现出特有的空间结构。通常空间结构是以点、线、面为基础形成的、具有稳定外在表现形式的结构形态，是综合了自然和人文多要素的地域空间组合，在特定的空间结构内部，往往具有特定的空间节点、连线及由节点组成的面域，具备方向性和时空动态性。学术界先后产生了“点—轴”结构、极核结构、双核结构、“核心—边缘”结构等模式（陆大道，1995；

陆玉麒，2002）。这些空间结构的总结和提炼，对于旅游网络空间结构来说，无疑具有十分重要的参考价值。那么，本书基于游客流动视角的网络结构，从游客在不同节点间的位置移动形成的流动空间加以表述，从中发现和揭示游客流动在空间上的规律性变化，从某种意义上说，这也是对游客流动空间结构的分析和提炼。因此，游客的流动性特质，也就决定了游客流动的网络结构只有在相对稳定的流动空间上才能具备结构模式的特征。换言之，游客流动网络结构的分析和判别，必须在游客流动相对稳定的时空尺度下才具有分析和提炼的价值与意义，随机性的游客流动往往不具备空间结构的特征。此外，相对于旅游网络空间结构来说，游客流动网络结构是其重要组成部分，反映和表征了游客流动过程中产生的系列要素的变化过程，对于旅游网络结构的综合分析和研究无疑是动态的特征表达和重要的佐证分析。因此，本书认为，游客流动网络空间结构是以游客在空间上的流动为基础，由不同节点通过相互关联交织组成的地域空间上的多种要素组合，有别于其他结构模式，具有不同层级，也更为复杂多变，强调旅游节点之间、结构与空间之间的互动关系。

1.6 本章小结

本章着眼于本书的选题依据和选题意义，主要阐述了选题的意义和价值，以及如何完成这一选题，包括运用何种分析方法及研究思路和内容。本书主要从旅游发展全面进入互联网“大数据”时代、网络社交媒体成为旅游研究的新兴数据来源、游客流动多时空体系迫切需要深度的学术关照、目的地旅游发展寻求更为广泛合作的现实需求四个方面的研究背景入手，阐述了本书的理论意义和现实意义，给出了主要研究思路与研究内容，重点围绕“特征分析—格局演变—机制揭示—模式提炼”的研究主线，阐明了整个研究的思路脉络与研究目标。从框架和内容来看，本书分为七章，第 1 章和第 2 章主要介绍了研究的相关背景、技术路线和研究方法；第3章主要介绍了数据来源和网络构建的理论方法；第4章、第5章和第6章重点分析了基于地理标记照片数据分析的游客流动在网络中呈现的特征、网络结构的时空演化及其演化模式的构建与提炼，为复杂旅游网络的多时空体系演化提供了科学依据和理论参考；第7章主要总结了相关理论结论，及对未来研究进行了展望和思考。

此外，本章还对本书的主要研究方法和技术路线加以总结和说明，将其归纳为文献解读和理论总结、数据挖掘和数据综合、空间分析与计量分析、比较分析与综合提炼四个方面。文献解读与理论总结是本书的基础研究，在对国内外相关研究进展进行综述和述评的基础上，提炼出本书的研究价值和意义；数据挖掘和数据综合是对多源数据的处理与分析，针对当前旅游网络数据进行深度挖掘并提取有用信息，为游客流动的研究主题提供数据支撑；空间分析与计量分析是利用地理信息技术对挖掘的游客流动信息进行空间运算与分析，将网络拓扑关系转换为地理空间关系；滤波分析、季节性指数分析等多种数学分析方法可以实现网络结构的细化和量化，是对复杂网络的时序性进行有效表达的重要手段；比较分析与综合提炼是对复杂网络演化模式的精确化对比，通过不同时间、不同尺度上的对比分析，找出影响其演化的主要因子，提炼其演化的一般过程和路径，为复杂网络的模式体系构建提供科学依据。本章对于技术路线的分析，按照游客流动的特征、格局、机制和模式这一研究主线进行，围绕每一个问题进行细化处理，充实和拓展本书内容，掌握本书的整个研究过程和动态变化，解决游客流动多时空尺度理论内涵的突破和提升。最后，本章对本书中出现的关键概念如旅游网络、多时空尺度、游客流动网络结构进行了界定，给出了较为详细的解释和说明，为本书进行游客流动网络特征、游客流动网络结构的多时空尺度演化及其模式的分析和提炼提供了清晰的概念阐述和内涵表达。

第2章

国内外研究进展及其理论基础

2.1　国内外研究进展

近年来，旅游流动研究受到了国内外学者的广泛关注。多学科、多视角的交流与互动，促进了研究的不断深入，涉及研究内容较为广泛，从最初的定性研究转变为定量研究，再到定性与定量相结合。对国外旅游流动研究的重视与借鉴，带动了国内旅游流动研究的不断发展和创新，也构成了当前旅游流动研究的重要进展。本章将从旅游流、旅游网络、旅游空间结构三个方面展开国内外文献综述和述评，为本书问题和创新点的提出奠定基础。

2.1.1　旅游流国内外研究进展

2.1.1.1　国外旅游流研究进展

国外早在20世纪60年代就开始了旅游流的相关研究，这一时期，定性与定量交织出现，不仅对旅游流的规模和空间特征进行分析，还对其形成的模式及影响因素进行总结和提炼，为后期旅游流的深化研究奠定了良好的基础，也为国内旅游流研究的不断深化提供了参考依据。

（1）旅游流流量规模

旅游流流量规模的研究在国外起步较早，集中在对现状的分析和流量未来变化的预测分析方面。韦特等（Witt et al.，1987）针对旅游流的现状，利用数理统计方法，以联邦德国和英国为研究案例，构建了基于流量现状的预测分析模型，为后来学者进行流量预测提供了方法借鉴。马丁等（Martin et al.，1992）针对马来西亚的国内流量现状，利用数理分析方法，测度了国内旅游流在不同地区的分布情况，得出了游客集中在马来西亚半岛西海岸，体现了旅游流在区域间分布的不均衡性特征，同时也指出旅游地发展过程中存在的热点和冷点现象。达马兰特等（Dharmaratne et al.，1995）以巴巴多斯为案例研究区，集中探讨了巴巴多斯的常住游客并进行了相关分析，进一步验证了ARIMA模型的准确性，为ARIMA模型在流量预测的可信度方面提供了佐证。德里萨基斯等（Dritsakis et al.，2004）结合自相关模型分析了区域之间旅游流的流量关系，利用误差修正模型解释了德国和英国这两个国家对希腊的长期旅游需求变化，为国家间游客流动的均衡与稳定发展提供了理论依据。贾伊等（Jae et al.，2005）综合运用季节性ARIMA模型和回归模型两种分析方法，以澳大利亚国际旅游为研究对象，在分别预测和对比两种模型准确性的基础上验证了时间序列模型在预测分析中准确性更高的客观事实。宋等（Song et al.，2006）运用VRA模型预测了8个国家或地区在2003～2008年前往澳门地区旅游的旅游流流量，得出了该模型在中长期预测存在合理性的结论，并对这种合理性进行了相关解释。波蒂亚等（Bottia et al.，2008）通过对不同景点的特殊时段对旅游流进行分析，发现不同时段的旅游流量规模和旅游吸引物之间存在显著关系，游客更青睐前往旅游吸引物较强的景点，为旅游流的深入分析提供了新的视角。康等（Kang et al.，2012）根据国内现有游客规模预测了未来五年的游客人数及其行为趋势，并对研究结论进行了验证和分析。金等（Kim et al.，2015）利用时间序列分析方法，测算了游客的旅游动机及其可能产生的游客数量，并对不同类型的旅游目的地进行了深度剖析，发现游客动机和流量规模与不同类型的目的地存在明显关系，主要受到游客的个人属性和外在环境及目的地的类型影响。随后，一些学者也加强了对旅游流量的分析与预测（Ram and Weidenfeld，2016；Saayman et al.，2016；Diazsoria，2017），建立了与旅游流量相关的分析模型，分析其产生的内在原因及其与其他因素之间的内在关联程度，对于深化旅游流的规模分析提供了重要理论依据（Shoval et al.，2016；Ring et al.，2017；Diazsoria，2017；Zatori et al.，2022）。

（2）旅游流空间模式

旅游流空间模式的研究是对流量规模分析的延续和深化，空间模式更多地关注时空特征及其形成的模式分析，以此提出旅游流空间变化的引导对策和建议。坎贝尔等（Campbell et al.，1967）较早提出了空间模式并进行了实证分析，总结和归纳了游憩与度假地旅游流空间模式，划分出度假旅行、游憩旅行和中途式旅行三种类型并对这些类型进行了比较。伦德格林等（Lundgren et al.，1984）以加拿大国内游客为研究对象，在分析加拿大国内旅游发展现状的基础上，发现游客普遍在城市间流动，并提炼了游客流动的垂直模式。雷泊等（Leiper et al.，1989）通过对日本、新西兰和澳大利亚旅游者进行分析，发现旅游流在不同国家存在差异，提出了旅游流在不同地域上的分配模式并进行了对比分析。凯利等（Kelly et al.，1995）利用美国 25 个城市的城际航空客运流量数据，运用重力模型来检验旅游流和城市节点吸引力之间的联系，并据此模型分析了旅游流的空间变化规律，为旅游流空间模式的提炼提供了方法支撑。斯图亚特等（Stewart et al.，1997）在综合对比不同模式的基础上，以到访数据为基础，针对游客多目的地选择的行为特征，对游客的多目的地空间行为进行了论证，总结和提出了区域游模式、旅游链模式、单目的地模式、中途模式和营区基地模式，并对这些模式进行了综合对比。随着游客流动趋于多样性，一些学者相继开展了游客行为基础上的空间模式分析，侧重针对游客的不同行为和选择偏好，研究了游客在旅游目的地内部的位移特征，揭示了游客行为在目的地内部的规律性，得出了地域圈层模型和线性路径模型两种空间模式（Lew et al.，2006；Polonsky et al.，2010）。

随着信息技术的不断发展，网络技术分析与地理信息技术的有效结合，为旅游流的分析及在此基础上产生的空间模式的研究打下了坚实的技术基础。一些学者采用不同的技术方法和手段，在数据采集、数据分析、流量处理上深深地打下了技术烙印，为旅游流动空间模式的提炼和总结奠定了良好的基础（Edensor，2001；Kaplanidou and Havitz，2010；Perbensen and Foss，2011；Birdir et al.；2013；Kim，2014；Armbercht，2014；Frash et al.，2016；Seetaram et al.，2018；Park et al.，2020）。其中，具有代表性的成果如下：沃尔夫等（Wolf et al.，2001）以游客行为日志为数据基础，在 GIS 和 GPS 技术的协助下，总结了游客的行为特征及其在空间上的流动模式。黄等（Hwang et al.，2006）以入境美国的游客为研究对象，分析了国际游客在美国境内多目的地城市之间的旅游流模式，发现奥尔良、纽约、洛杉矶是游客选择的热点旅游城市，而休斯敦、西雅图尽管也存在游客偏好，但其中转作用更为明显。迈克切尔等（McKercher et al.，2008）利用手持 GPS 数据针对一个目的地的游客行为轨迹进行了分析，发现热点景点的集聚性较强，游客轨迹在空间上向热点景点集聚的特征，并在热点转移的约束下，总结和提炼了景区内部游客轨迹运动模式，对旅游流空间模式的发展提供了良好的理论借鉴。迈克切尔等（Mckercher et al.，2012）以微观景区尺度为对象，采用了 GPS 定位和 GIS 相结合的技术方法，探讨了旅游者的行为特征及其在空间上的流动规律，为后来微小尺度的游客流动模式分析提供了良好的方法依据。斯托珀等（Stoper et al.，2013）充分利用游客在景区的停留时间的特征来判断出行目的，通过多种类型的目的地进行论证，并对不同类型的目的地的游客流动模式进行对比分析。迈勒斯等（Meijles et al.，2014）通过 GPS 获取基础数据，对公园旅游者的行为进行跟踪。研究发现，小尺度下的游客行为与传统大尺度的行为特征存在较大差异，并对公园游客的流动变化及其模式进行了总结。龚等（Gong et al.，2017）采用 GIS 和 GPS 相结合的分析方法，指出了游客行为的兴趣点并利用 GIS 对兴趣点进行空间分析，发现游客轨迹在空间上呈现多种流动模式，不同类型的模式与约束条件和流量息息相关，作者针对不同流动模式，提出了景区发展的对策建议。

（3）旅游流影响因素

旅游流影响因素是流动分析的重要落脚点，对于判别旅游流产生的主导原因起到重要作用。里姆等（Lim et al.，1999）通过对相关论文的研究发现，学者们常使用目的地收入、比较价格以及交通花费来解释旅游流。布鲁斯等（Bruce et al.，2005）在探讨双边旅游结构的基础上，指出影响旅游流分布的因素众多，其中政府行为、旅游者属性及目的地知名度是重要的因素，作者还对这些因素进行了相关性分析。特雷萨等（Teresa et al.，2007）以巴利阿里群岛入境旅游为研究对象，分析了旅游需求与客源地经济发展的相关关系，指出影响入境旅游流空间分布的因素主要是旅游需求、经济发展水平和当地消费水平，并建立了不同影响因子间的相关性分析模型。卡拉等（Carla et al.，2012）利用 GMM 分析方法对意大利入境旅游流进行了相关分析，发现影响意大利入境旅游流的主要因素是地区经济发展和入境旅游者的旅行经历、个人偏好及旅游者所在国家的对外政策。随后，流动的特征与影响因素及其内在的形成机制成为学者们关注的焦点（Bekhor et al.，2006；Borger and Timmermans，2014；Meijles et al.，2014；Alivand et al.，2015；Hallak and Assaker，2016），对于深化流动性研究及其影响因素的有效揭示提供了重要的方法指导。

此外，学者们为了更为深入地探究影响旅游流的重要因素，相继引入了更加复杂的分析模型。其中，具有代表性的成果如下：瓦勒等（Wahle et al.，2002）利用双约束重力模型分析和探讨旅游流的空间分布规律，发现在不同的影响因素的约束下，旅游流的空间分布变化差异明显。塔克扎诺斯卡瓦等（Taczanowska et al.，2014）考虑到旅游流存在空间转移的特征，利用马尔科夫链和重力模型相结合的分析方法，探讨了旅游流的空间转移特征及转移情况，进一步解释了旅游流在空间转移的原因及其与流动之间的关系。但这种集合式的分析方法更多地能够解释群体效应，对于游客个体行为方式却难以说明，更是无法解释个体行为与环境之间的关系

(Edwards and Griffin, 2013; Zoltan and McKercher, 2015)。以上这些研究对于理解流动的影响因素及其内在形成机制起到重要作用，也推动了影响因素变化与流空间效应关系研究的进一步深化，为流动特征及其机制的有效分析提供了重要基础（Santeramo and Morelli, 2016; Wong, et al., 2022)。

2.1.1.2 国内旅游流研究进展

国内旅游流的研究发展迅速，并取得了一系列研究成果，到目前为止，国内在旅游流方面的研究主要集中在旅游流理论体系、旅游流流量规模、旅游流空间模式、旅游流动力机制四个方面。

（1）旅游流理论体系

与国外的研究相比，国内旅游流理论体系相对成熟，尤其体现在旅游流的概念界定上。唐顺铁（1998）认为，旅游流是一个复杂的系统，包括了旅游信息流和旅游能流。马耀峰（2000）认为，旅游流是一个矢量，具有方向性，发生在客源地和目的地之间的流动现象，可以是单向的也可以是双向的，是信息流、资金流、物质流和能量流的集合。狭义方面，卢云亭（1998）认为，旅游流是发生在常住地和目的地之间的游客流动，并指出旅游流具有流量和方向两个属性。左大康（1990）认为，旅游流是单向流动，发生在客源地和目的地之间。谢彦君（2004）认为，旅游流即旅游者的流动，是由旅游需求相似的群体在空间上的移动现象。随后，一些学者相继对旅游流理论体系进行了分析，注意到国内旅游流研究的问题导向性和实践导向性特征不明显，加大了对旅游流理论体系的深入探讨和学术思考（李山等，2012；张佑印等，2013；董培海等，2015），并涉及本体论、知识论和方法论的综合集成（杨兴柱等，2011；杨新菊等，2014；庞闻，2015）。

（2）旅游流量规模

国内学者对旅游流量规模的研究起步相对较晚，但研究内容相对丰富，集中体现在流量的预测和调控方面，大中小三个尺度都有所涉及。牛亚菲（2005）针对北京市大范围的客流进行了分析，包括主城区和郊区，尤其是对重要旅游景区进行了客流变化及动因机制的分析。杨国良（2007）以四川省为实证区，进行了流量位序和规模之间的关系分析，以此验证了流量分布符合 Zipf 定律。黄震方等（2008）以盐城生态麋鹿旅游区为例，结合了多种数理分析方法，分别对省内和国内两个尺度进行了游客流量变化的阶段性和市场划分。李振亭（2012）对我国入境旅游流进行了相关分析，通过观察近 20 年的入境流量变化，发现入境旅游变化存在波动现象，并提出了入境旅游流质的概念。杨霞（2013）通过对我国西部地区 2000 ~ 2010 年的流量进行分析，探讨了旅游发展对贫困减缓的作用，发现旅游流量与减贫之间存在 U 形关系，前者对后者的影响和作用并不是持续上升或下降，为我国西部地区的旅游扶贫健康持续发展提供了参考依据。阎友兵（2013）以 1999 ~ 2011 年的流量数据为基础，通过对流量与流质的关系分析，发现流量与流质之间存在关系，并以此为依据将国内旅游发展划分为稳步发展、快速发展、较快恢复三个阶段，为旅游发展的阶段划分提供了依据参考。李伟等（2013）基于旅游目的地的特殊时段旅游规模数据，探讨了特殊时段旅游流时空分布特征，并对其内部的差异化进行了对比分析。罗秋菊等（2016）以云南省为例，对其自驾车客流规模进行了量化分析，探讨了自驾车流动的时空特征及其分布规律。姚梦汝等（2018）以中国—东盟 11 国的出境游客为对象，测算了旅游流量的中心移动轨迹与旅游网络的紧密程度，分析了其内部的不均衡状态，提出了针对不同国家积极发展出境旅游的建议和措施。

（3）旅游流空间模式

国内学者对旅游流空间模式的研究较为深入，取得了较为丰富的研究成果。钟士恩（2007）以庐山客源市场为研究对象，发现客源市场呈现圈层飞地型空间结构，这种圈层按照一定比例划分，并对不同圈层内的客源市场进行了比较分析。此外，他还对旅游流空间模式理论进行了分析，将其总结为圈层结构、核心—边缘及空间扩散理论，并对不同理论进行了详细解释。核心—边缘理论方面，汪宇明（2002）认为核心—边缘结构存在于不同尺度的区域旅游空间结构中，多数旅游空间结构都可以简化为核心—

边缘结构，同时指出核心—边缘理论对旅游区划的构建提供了基础理论。杨新军（2004）分析了国内游客在西安及其周边地区的10个主要旅游景点的行为特征和空间选择模式，并界定了西安大旅游圈的概念和范围。空间扩散理论方面，章锦河（2005）分析了国内旅游流的基本特征，发现集聚和扩散并存，并将我国旅游流的分布总结为四大产生地和五大集聚地，同时分析了影响集聚和扩散的市场作用，为旅游流空间模式的深化分析提供了新的视角。杨国良（2008）以四川旅游流为研究对象，通过对流向扩散和路径进行分析，发现旅游流进入区域中心城市后的主要空间扩散方向为西北、西南和东北三个方向，并对旅游流的空间扩散路径进行了总结。张佑印（2012）以北京入境旅游为研究对象，分析了北京入境旅游流的分级扩散模式，同时对影响入境旅游流分布的因素及其形成机制进行了深入剖析。此外，丁正山（2004）以城市为地域单元，通过绘制旅游流集聚、扩散空间曲线，确定了江苏城市旅游流间的主要空间格局。薛莹（2006）对江浙沪的旅游流进行了分析，从管理学的角度提出了区域内部流动是系统自组织作用的结果，在自组织机制的作用下形成了流动的内聚模式。杨兴柱等（2011）以南京市为例，开展了城市内部旅游流动特征及其客流空间流动的测度，并对流动特征进行了量化模拟，深化了城市内部游客流动特征分析的理论内涵。王弈祺等（2014）采用问卷和统计分析相结合的形式，对北京市入境旅游流进行了量化分析，并刻画了其地理空间的分布特征，指出北京入境旅游流网络化已经形成，后期需要加强入境旅游合作的建议。

随着信息技术的不断发展以及网络数据和地理信息技术的有效结合，学者们相继取得了较为丰富的成果。吴静等（2015）基于地理信息技术，开展了南京市游客流动的空间特征分析，发现南京内部空间旅游流分布存在规律性和区域差异性，并对影响这种分布特征的因素进行了深化分析，同时提出了南京未来旅游发展的政策建议。朱金悦等（2016）采取网络数据挖掘技术，爬取和解译地理标记照片数据信息，对海南省入境旅游者的空间行为进行分析，找出了入境游客在海南重要景点的空间分布特征。徐敏等（2018）通过在线预订数据，对长三角地区城市旅游流的空间模式及其影响因素进行了分析，指出长三角地区城市旅游流呈现明显的核心—边缘结构。秦静等（2018）以北京入境旅游为研究对象，利用数据挖掘技术，爬取地理标记照片信息，分析了入境旅游流的热点分布及其空间转移特征，通过对转移概率的分析，提出了入境游客浏览轨迹模式，为入境旅游在城市内部的合理化分布提供了依据参考。

（4）旅游流影响因素

国内学者在旅游流影响因素方面的研究相对较多也比较透彻。杨兴柱（2011）对旅游流驱动机制进行了分析，将其总结为客源地推力和目的地拉力两个部分，并将客源地推力分解为旅游者的内在推力和客源地的外在推力，将目的地的拉力分解为旅游目的地吸引力和支撑力，同时指出除了推力和拉力外，还存在其他外在力的影响。旅游者的内在推动力方面，吴必虎（1997）较早分析了居民出游目的地的选择行为，发现我国居民目的地出游行为与性别、年龄、职业、受教育水平等个体特征存在紧密关系，为目的地出游行为的深化提供了依据。毛端谦等（2005）在分析目的地选择行为中引入了 Lancaster 理论，通过理论与实证相结合，发现目的地行为选择与旅游者的年龄存在较大关系。客源地外在推力方面，张捷（1999）在分析旅游者出游的过程和动机的基础上，指出经济发展水平是影响旅游者出游的重要因素，这种外在因素是客观存在的，经济发展水平较高的地区往往存在较高的出游率。保继刚（2002）在分析旅游流流动范围的基础上，指出客源地人口规模和经济发展水平是重要影响因素，对旅游流的空间模式也存在较大影响。目的地的拉力方面，保继刚等（2005）把驱动旅游流的因素归结为外部推动力和内部推动力，并对内部推动力进行了细化，旅游资源和区位特征是构成内部推动力的主要动力要素。刘法建（2010）对旅游流的影响因素进行了回归分析，发现旅游者流动矩阵和各地旅游供给要素差值矩阵之间存在关系，并对这种关系进行了量化解释。旅游流阻力方面，保继刚（1992）认为影响旅游客流的因素较多，其中距离、文化水平和经济发展是重要因素。吴必虎（1994）认为影响旅游者游憩行为的因素较多，他将距离、出游能力、设施引力和交通可达性视为重要因素进行分析，并提出了引导旅游者游憩行为的对策建议。吴晋峰（2005）在分析旅游流的影响因素时，重点分析了距离在旅游流中的地位和作用，并对距离影响旅游流空间分布的过程进行了量化分析，发现随着距离的变化，旅游流的分布差异明显，距离衰减规律普遍存在。同时，郑鹏等（2010）基于“推—拉”理论对美国旅游者旅华流动特征进行了分析，指出旅华游客在内推和外拉的共同作用下，呈现出空间上的分布格局，并对其影响因素进行了分析。唐澜等（2012）分析了入境商务旅游者的空间行为规律，并对其在空间上的流动规律和影响因素进行了分析，指出入境商务旅游者流动规律背后的地理要素作用和价值。翁钢民等（2015）以京津冀地区为例，探讨了区域旅游流的空间特征，尤其是指出了环境影响下的区域旅游流变化特征及其影响。刘军胜等（2017）基于发生学的理论基础，探讨了旅游流与目的地的供需关系与耦合成长过程，并对其形成动力机制进行了深入剖析。此外，一些学者也分别从不同的视角、不同的区域进行了旅游流影响因素的探讨，为旅游流研究的不断深化提供了重要基础（钟静等，2007；王弈琪等，2012；陈超等，李志飞等，2013；2014；邓祖涛等，2014；张铁生等，2014）。互联网技术的发展使学者可以更便捷地获取网络数据，为旅游流的数据获取提供了便利，在线预订数据分析、微博签到数据分析及旅游攻略等，分别进入学者们的视野，深化了对旅游流影响因素的分析及对影响因素的判别（张子昂等，2016；闫闪闪等，2017；徐敏等，2018；陈晓艳等，2018；叶晓旋等，2023）。

2.1.2 旅游网络国内外研究进展

2.1.2.1 国外旅游网络研究进展

国外旅游网络的研究起步相对较早，20 世纪 80 年代学者们已经注意到网络分析的重要性及其价值，随着旅游研究的不断深入，旅游网络的多元化研究也变得越来越广泛。其具体研究主要侧重于旅游目的地网络结构分析、旅游企业网络结构、旅游网络的影响等方面。

（1）旅游目的地网络结构分析

国外学者对于旅游目的地的网络结构分析，较多地采用社会网络分析方法与田野调查相结合的数据分析方法，将问卷获取的有效数据进行网络化分析，进而得出相应的研究结论。帕夫洛维奇等（Pavlovich et al.，2003）较早利用网络理论里的密度分析和中心性指标，对新西兰旅游目的地维托莫一个洞穴旅游地1887～2000年旅游目的地的演化与转型问题进行研究，探讨了原住民、政府、企业组织间的相互作用和影响以及如何构成目的地发展的自组织动力机制。施（Shih，2006）利用社会网络分析方法探讨了中国台湾自驾车目的地的网络结构特点，发现自驾车网络存在结构洞现象，提出了自驾车目的地合理化分布的对策和建议。黄等（Hwang et al.，2006）利用社会网络分析的方法，探讨了入境游客在美国不同目的地间的分布情况，发现不同入境旅游者在对目的地选择行为上存在明显差异，并总结和提炼了不同入境旅游者群体的行为模式。斯科特等（Scott et al.，2008）通过对澳大利亚维多利亚的分析发现，不同类型的目的地在网络中的地位存在差异，网络凝聚力差异特征明显，并将这种影响因素归纳为工业化程度和工业化规模，凝聚力的强弱与工业化的发展水平息息相关。李等（Lee et al.，2013）利用GIS和网络分析法对韩国43个村庄的空间特征进行了评估，该项研究表明，中心性指数在研究村庄的角色、可进入性、周边乡村旅游综合管理和影响等空间特征方面具有适用性。

以上研究多数以问卷访谈为基础，往往受到数据量较小的约束，对于深化研究带来一定的不便。随着数据获取类型的多元化和多渠道化，数据挖掘和空间数据获取受到学者们的推崇（Ginberger and Mckercher，2014；Nicolau and Tussyadiah，2016）。伴随着旅游目的地网络结构开始变得更加复杂多样，无论是城市内部不同景点的网络结构，还是在不同城市间旅游流动的网络结构，或是区域（城市群）间的旅游流动网络，更多地表现为依靠旅游大数据的支撑，形成了以数据支撑和技术支撑为特点的旅游地复杂网络体系（Hannan et al.，2014；Stienmetz and Fesenmaier，2015；Nicolau and Tussyadiah, 2016; Onder and Hubmann, 2016; Merinero and Pulido, 2016; Kelliher et al. , 2018; Kádár and Gede, 2021)。

(2) 旅游企业网络结构分析

国外学者对于旅游企业网络的研究相对较少，主要侧重旅游企业网络的集聚与扩散以及在此过程中与其他因素之间的内在关系。布劳恩（Braun, 2004）利用社会网络分析方法，探讨了澳大利亚的维多利亚旅游电子商务产业的产业结构特征，指出旅游电子商务产业的扩散能力与其创新性存在密切关系，同时发现网络的集聚性与产业结构的特征高度相关。萨克森纳等（Saxena et al. , 2005）以英国皮克德公园为研究对象，利用社会网络分析方法对不同目的地间的访谈数据进行分析，建立了正式和非正式的交流网络，发现影响目的地间行为关系的因素主要是社会资本，并将社会资源分解为合作与学习，提出了加强社会资本培育的建议。马里纳等（Marina et al. , 2006）以英国中小型旅游企业为研究对象，建立了旅游企业集聚网络，分析了不同类型旅游企业在网络中的地位和作用，提出了提升旅游核心节点凝聚力的建议。巴特等（Bhat et al. , 2008）以新西兰为研究对象，分析了目的地营销的行为决策，指出营销对象在网络中的地位和营销决策存在密切关系，提出了针对不同的营销主体，合理化的营销方案需要提前制定的建议。加伦尼奇和加尔朱洛（Galunic and Gargiulo, 2012）主要探讨了旅游地社会资本的价值和作用，分析了旅游社会资本的注入对企业网络的集聚起到的重要作用，指出旅游企业网络发展过程中的资本共享与利益驱动存在显著关系。黑达瑞等（Heidari et al. , 2014）运用社会网络分析方法，探讨了不同类型旅游企业之间的网络关系及其在网络中的地位，强调了级别越高的企业发挥的作用和凝聚力越重要，指出小型旅游企业需要向级别高的企业靠拢的建议。随后，一些学者开始注意到网络研究的价值不仅在于寻求具有支配作用的网络核心，还需要加强对整个网络的管理和运营及对不同运营主体的对应性分析（Morrison, 2013; Pavlovich, 2014; Luke, 2015; Khalilzadeh and Wang; 2018）。一些学者逐渐开始从管理的角度入手，分析和探讨旅游网络形成过程中管理的应用和价值（Reinl and Kelliher，2014；Jaouen and Lasch，2015；Vander and Vanneste，2021）。

（3）旅游网络结构的影响分析

国外学者对于旅游网络的影响研究主要侧重网络结构的不同类型对决策者的政策影响。普佛尔等（Pforr et al.，2002）以澳大利亚北部为研究区，构建了旅游规划利益相关主体的网络结构，发现利益相关主体在网络的地位和角色存在差异，政府在网络中的地位明显处于核心位置，对决策的影响力度较大，对于处理边缘位置的群体来说，提升决策地位成为其迫切需要解决的问题。霍恩和安东奇克（Hoang and Antoncic，2003）探讨了旅游企业网络结构的特征及其在产业集群中的作用，强调了网络的密集程度对企业集聚效应能够带来不同的影响。莫罗等（Morrow et al.，2004）主要探讨了旅游合作组织之间的网络结构，并结合社会网络分析方法，寻找网络节点之间的关系及其对其他节点的影响，最后给出了加强旅游合作关系、不断提升旅游组织紧密度和协调能力的建议和对策。德雷奇（Dredge，2012）以澳大利亚昆士兰为研究区，对旅游规划中的利益相关主体进行了网络构建，发现时间网络和地域网络之间存在互动关系，这种关系随着互动的深入体现在政策主题网络中的地位差异明显，互动性越强，支配网络发展的能力越强，越可能影响政策决策结果。阿尔伯特（Albert，2012）借鉴社会网络理论和利益相关者理论，探讨了喀麦隆目的地利益相关者的地位，分析了相关主体在旅游政策的制定和实施中起到的作用，提出应动员目的地利益相关者构建一种中央协调但分散的模式，从而更好地促进旅游业对经济发展的积极影响。凯利赫等（Kelliher et al.，2014）通过构建数理关系模型，探讨了不同旅游企业之间网络形成的内在关系，以及对新的网络可能发生改变和影响的过程分析，阐述了新旧网络之间存在必然的互动关系以及如何将原有的网络关系嫁接到新的网络结构研究中，为旅游网络的拓展提供了良好的方法借鉴。尽管有的学者也注意到通过旅游企业与其他不同类型企业之间建立网络关系的途径来探讨旅游企业在不同类型企业中的作用和地位（Zach，2012；Jetter and

Chen，2012；Handcock et al.，2016），但均意识到旅游企业的集聚和规模的扩大对其他类型企业带来的影响是积极的，同时需要不断吸收外来企业的辐射效应（Fyall and Wang，2012；Della and Aria，2014；Lee et al.，2018；Khalilza et al.，2018；Caldeira and Kastenholz，2020）。

2.1.2.2 国内旅游网络研究进展

国内对旅游网络的研究起步较晚，主要体现在旅游流动网络、旅游经济网络、旅游企业网络以及旅游网络的影响效应四个方面。

（1）旅游流动网络

采用社会网络分析法对旅游流网络进行的研究中，尤其以入境旅游流网络方面的成果较多。刘法建等（2010）以入境旅游为研究对象，运用社会网络中的结构对等性模型，对在中国入境旅游关系网中的中国各省级旅游地的功能地位进行了分类、比较和定位，并分析了形成此种模式的影响因素。此外，他们还用密度分析、核心—边缘模型和QAP分析模型等方法对入境旅游流网络进行了研究。吴晋峰等（2010）以京沪入境旅游流为研究对象，分析了入境旅游流的整体形态特征及其包括的个体结构特征，又以北京和上海入境的旅游者为主要调查对象，对我国的航空网络和入境旅游流网络进行了对比分析，揭示了我国航空网络对于入境旅游流网络的重要作用和影响。此外，吴晋峰等（2010）还利用中国大陆城市与境外城市间的国际航班信息，对由45个大陆城市与4个境外城市、110个外国城市组成的中国航空国际网络的结构特征及其对中国入境旅游的影响进行了研究。同时，郭峰等（2011）、王永明（2012）、唐澜（2012）、杨新菊（2013）采用社会网络的分析方法，分别从西安市入境旅游流中与其他国内主要热点城市之间的关系、中国入境游客多城市旅游流空间网络结构特征、中国入境商务旅游流的空间分布特征及流动规律和旅华外国团队旅游流的地理分布与网络结构等方面进行了相关研究，为旅游流网络结构的不断深化提供了重要的参考依据。

随着研究的不断深入，旅游复杂网络呈现出多元化结构特征。杨兴柱等（2006）以南京市为例，陈秀琼（2006）以福建省为例，杨效忠等（2009）以大别山天堂寨为例，尚雪梅等（2010）以京津冀地区为例，陈浩（2011）以珠三角城市群旅游地为例，刘宏盈等（2012）以泛北部湾地区为例，黄明霞（2012）以厦门市为研究区，分别采用社会网络分析法对诸多区域的旅游流网络空间结构进行了分析。殷晶等（2012）建立了来自沪宁杭三地的团队客源流网络模型，并用社会网络分析法对沪宁杭三地的团队客源流网络进行对比分析。陈超等（2013）采用社会网络分析法，对我国农民旅游的网络结构进行分析，发现农民旅游的网络结构特征明显，发达地区的网络节点在整体网络中处于明显的核心地位。吕丽等（2013）以上海世博会为研究对象，分析了世博会流向长三角地区的扩散网络特征，并对区内的重要城市进行了地位判别。靳诚等（2014）以南京为例，构建了南京市内部游客流动网络，分析了游客流动的内部结构及其空间的分布规律，并对其形成机制与模式进行了量化分析与提炼总结。汪德根等（2016）对高铁网络下的城市旅游场强进行了分析，重点分析了高铁沿线的旅游城市的复杂旅游网络特征及其空间格局，并对其形成机制进行了有效探讨，为高铁时代的旅游网络研究奠定了良好的理论基础。随后，学者们分别开始研究大陆居民赴台旅游的流动网络、武汉自助游流动网络、跨界旅游流动网络、上海入境旅游流网络、在线预订数据的城市旅游流动网络等，进一步拓展了旅游流动网络的内涵与外延（付琼鸽等，2015；吴中堂等，2016；王娟等，2016；周慧玲等，2016；靳诚等 2017；彭红松等，2017；杨旸，2017；闫闪闪等，2017；徐敏等，2018；叶晓旋等，2023）。

（2）旅游经济网络

社会网络在旅游经济中的应用，更多地体现在旅游经济联系形成的复杂网络空间，较好地反映了节点在旅游经济网络中的地位和作用。杨效忠等（2011）利用社会网络理论与方法，从经济联系视角对跨界旅游区进行研究，通过构建跨界旅游区的网络结构，分析跨界旅游网络的特征、节点地位及其成因。尚雪梅等（2012）借鉴区域经济学中的分析方法，构建了京津冀区域经济网络，分析了京津冀经济网络的特征及其节点在网络中的地位，并结合实际和相关理论提出了推动区域旅游发展的思路。朱冬芳等（2012）运用重力模型，结合社会网络分析法，从旅游经济网络视角对长江三角洲都市旅游圈经济的整体网络、国内游网络、入境游网络进行了分析，最后探讨了影响因素。方叶林等（2013）利用社会网络分析方法，探讨了长三角地区旅游经济网络结构特征，并对网络节点、关系及其联系进行了量化分析，指出区域旅游经济发展的不均衡现象依然存在。孙勇等（2013）采用社会网络分析技术，分析了江苏省旅游经济网络特征，测算了网络结构的中心性和网络密度，指出了旅游经济联系网络的空间结构特征，并对南北旅游发展不均衡现象进行了因素分解和量化分析。虞虎等（2014）以江淮城市群为研究对象，探讨了城市群旅游经济的发展网络特征，并对其旅游经济联系的网络结构进行了分析，总结和提炼了网络结构的空间发展模式，为旅游经济联系的内部组合和外部联系提供了科学依据。王博等（2015）以武汉都市圈为例，分析了都市圈旅游经济网络空间结构特征及其节点在网络中的地位，得出了网络结构呈现明显的"核心—边缘"结构特征，核心城市地位突出，空间辐射效应显著。于洪雁等（2015）以黑龙江省为例，分析了城市旅游经济的网络关系及其结构特征，并对其发展模式进行了总结和提炼，为城市间旅游合作的良性发展提供了决策依据。此外，有的学者加强了社会网络分析与其他方法的组合力度，指出网络中存在核心节点，其网络结构受到核心节点的影响和支配，同时也加大了对形成这种结构特征的因素的深入研究，进一步深化了对旅游经济网络联系内涵的理解（汤放华等，2013；王永明等，2013；杨丽花，2018）。

（3）旅游企业网络

随着旅游企业的不断集聚和发展，旅游网络的作用和价值显得越来越重要。国内学者先后运用社会网络分析方法，探讨了旅游企业网络发展的价值和意义。国内旅游学者更多的是借鉴了企业中的网络关系及其在网络集群中的应用，结合旅游企业的独有特性，开展了系列研究，为旅游企业集群发展提供了重要理论参考。廉同辉（2012）以154个旅游网站为研究对象，用社会网络分析法对我国旅游网站的网络结构进行了研究，建议在加强旅游网站自身建设的同时，多与其他旅游网站进行合作，同时倡导不同类型旅游网站间的信息共享和信息开放。王素洁（2012）以利益相关理论为基础，分析了目的管理机构与其他群体间的利益分配关系，指出在加强政府机构核心地位的同时，还需要提升其他利益相关主体的地位。田晓霞（2013）以喀什旅游企业为研究对象，通过问卷访谈的形式获取基础数据，研究表明，群内旅游企业间为弱连带关系，需要不断加大旅游企业之间的合作和资源共享。姚云浩等（2014）以嵌入性理论为基础，通过对嵌入与创新绩效间的关系构建网络模型，发现景区周边旅游企业网络间的强联系有利于绩效创新，同时也指出网络节点的互惠性增强有利于绩效创新力度的提升。冯卫红等（2015）结合问卷调查和社会网络分析方法，探讨了平遥古城附近旅游企业网络的范围和结网对象及其在地理空间上的意义和对个人关系的影响，发现旅游产业集群的企业网络对集群创新和竞争力提升有重要作用。此外，冯卫红等（2016）进一步结合产业的特性，分析了旅游企业集群对网络的影响和作用，指出高度集聚的旅游企业网络对个体旅游企业发展至关重要，同时还对网络中心度、网络密度和网络联系强度进行了量化分析，建立了细分指标与旅游企业绩效之间的关系。

（4）旅游网络的影响效应

网络化的发展和旅游网络的不断形成，吸引了诸多学者相继开展网络的效应研究。王琼等（2010）以医疗旅游为研究对象，基于医疗旅游产业的内在关系，利用社会网络分析法构建了医疗旅游产业的网络，研究结果表明，医疗旅游产业发展依然受到网络集聚的影响，网络集聚程度越高，地区医疗旅游发展水平越高，作者在指出应不断加强医疗旅游企业的互惠互利。姚占雷等（2011）以华东首批5A级景区为研究对象，采用社会网络分析方法构建了景区间的流动网络，发现这些景区之间存在共线现象，因此应加强旅游景区间的合作互利。姜佳将等（2011）分别对杭州市郊的龙坞茶村和山沟沟村进行了网络结构对比分析，发现乡村案例的网络结构也存在差异，指出社会网络结构对组织有效性存在影响，并建立了影响机制的概念模型。王素洁等（2011）采用社会网络分析方法，以山东省杨家埠村为案例地，开展了乡村旅游可持续发展的决策分析，探讨了乡村旅游发展中存在的网络作用及其影响，为乡村旅游的持续发展提供了科学参考。卞显红（2012）分析了旅游产业集群的网络结构特征，并对其网络之间的相互作用进行了分析，提出了加强国际旅游综合体建设的意见和措施。吴晋峰等（2012）以航空流数据为基础，构建了中国航空复杂网络，剖析了航空网络结构的特征及其对入境旅游的影响。彭红松等（2014）以跨界旅游区为研究对象，探讨了跨界旅游区空间网络的关系及其节点作用，指出跨界旅游区应加强旅游合作，实现区域旅游的合作共赢，并强调了加强旅游网络合作能够带来游客量增加和旅游发展的影响效果。李魏等（2017）以兰州市重点旅游村为案例，采用社会网络分析方法分析了乡村旅游联系网络的结构特征，测算了网络的中心性及结构洞等指标，剖析了兰州市乡村旅游网络节点的联系程度及整体网络对周边地区的影响。

2.1.3 旅游空间结构国内外研究进展

2.1.3.1 国外旅游空间结构研究进展

国外对于区位论的不断深化，延伸了对空间结构的探讨。区位论重要的发展方向之一就是空间结构。德国地理学家施吕特尔（Schluter）在 1906 年提出了空间结构理论，此后逐步延伸到“中心地理论”“市场区位论”，得到诸多学者的推崇，进一步提升了空间结构理论的内涵与研究范围。进入 20 世纪 60 年代，区位论开始运用到游憩活动的相关研究中，探讨了游憩行为与地理学空间结构的关系，随后逐步建立了“核心—边缘”理论，该理论强调了核心区对边缘区的支配和辐射作用及边缘区向核心区的集聚，开启了旅游空间结构的初步研究（Lundgren，1965；Hills，1974）。

（1）旅游目的地空间结构

国外关于旅游地空间结构的理论研究起步相对较早，更加侧重理论与实践的相互结合。最具代表性的是古恩（Gunn，1979）在对旅游地域进行系统分析的基础上，提出了旅游目的地地带（tourist destination zone，TDZ）理论，这也是旅游空间结构研究的早期尝试，该理论将旅游地域系统总结为吸引物组团、服务社区、中转通道和区内连接通道四个方面（见图2-1）。同时，皮尔斯（Pearce，1978）在进行旅游规划的探讨时，将旅游空间分为全国、区域和地方三个不同尺度，可以说是对旅游空间结构的初步分析，也为后来旅游空间结构的量化分析奠定了基础和方向。黄等（Hwang et al.，2006）以美国目的地为案例，重点剖析了不同目的地之间的空间特征，探讨了不同类型目的地之间存在的关系。迈克切尔等（Mckercher et al.，2012）结合GIS和GPS的有效测量工具，分析了香港地区的游客行为特征，并总结了不同游客在香港地区地域上的空间结构类型。史密斯等（Smith et al.，2012）提出和总结了旅游地空间结构的理论研究方法，包括旅游功能指数、最近邻指数、空间联系指数等，这些方法的提出为旅游地空间结构的深入探讨奠定了良好的研究基础，促进了旅游地空间结构从传统的定性描述转向定量化的分析。奥泊曼等（Oppermann et al.，2013）尝试性地探讨了发展中国家的旅游地空间结构，并与发达国家旅游地空间结构进行了对比分析，发现了两者之间存在的差异性及其形成的原因。瓦西里亚迪斯等（Vasiliadis et al.，2015）利用最近邻比率方法，计算了旅游地资源的空间集聚特征与变化态势，探讨了旅游地资源的空间结构特征，为旅游地的科学化开发提出了决策性建议与对策。近年来，学者们开始关注旅游空间结构模式演化，并试图从经济地理学的角度给予解释（Papatheodorou，2015）。总的来说，国外学者运用地理学的研究思维，结合不同的案例，对旅游目的地空间结构进行了理论和实证分析，取得了较为丰硕的研究成果，对目的地的合理化发展奠定了良好基础（Figini and Vici，2012；Vergori，2012；Pike and Page，2014；Cisneros and Fernandez，2015；Duro，2016；Ferrante et al.，2022）。

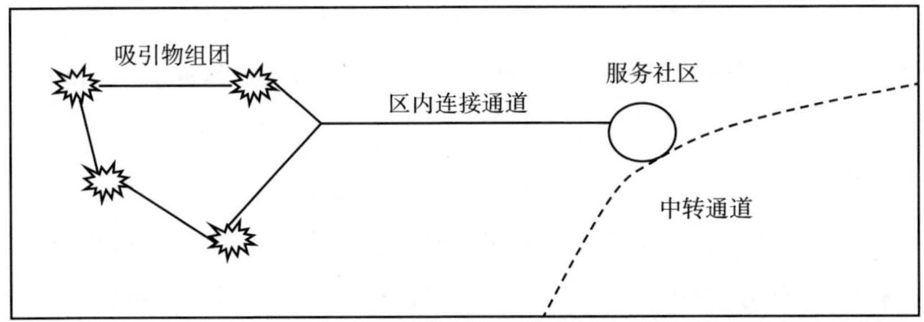

图2-1　古恩的目的地地带模型

（2）旅游流空间结构

旅游流空间结构的分析起步相对较早且较为深入。卡斯特尔斯（Castells，1990）最早开始对流动空间及其形成结构特征进行描述和分析。皮尔斯等（Pearce et al.，1983）提出旅游流是旅游地理学研究的六大核心之一。其后，一些学者开始了旅游流空间行为及结构现状的实证研究（Mings，1992；Crompton，1993），这种研究由小尺度（Jean，1985；Brian，1985；Boris，1986；Pearce，1987）逐渐转向大尺度（George，1991；Gerard，1995）。罗杰斯等（Rodgers et al.，1970）以英国为研究案例，以休闲旅游流为研究对象，提出了休闲旅游流的空间特征及其后期可能出现的状态。坎贝尔（Campbell，1967）在探讨了旅游流动呈现空间特征的基础上，提出了从城市中心向外辐射的不同旅游流的运动模式，为旅游空间结构的进一步深化研究奠定了重要基础，同时也引领了不同学者相继对旅游空间模式开展研究。图罗特等（Thurot et al.，1980）在区别国际和国内旅游流的基础上，提出了两种旅游流模式，认为国际旅游流更多的是在发达国家产生并双向流动且互为目的地，发展中国家不断流向发达国家且以单向流动为主。伦德格林等（Lundgren et al.，2001）在分析旅游流空间结构的基础上，从城市的视角出发，提出了城市对流模式和城市及周围辐射模式；从乡村的视角出发，提出了城市农村辐射模式和边远旅游地辐射模式，并对这四种不同的流动模式进行了对比分析，成为流动空间分析的经典之作。史密斯等（Smith et al.，2015）引入计量分析方法，对加拿大旅游流进行实证分析，探讨了省域间的流动特征及其内在关系，同时总结了省区之间的流动规律及其在空间上的结构特征。阮和皮尔斯（Nguyen and Pearce，2015）分析了美国西海岸入境旅游流的变化规律，以此为基础，抽象和归纳了美国入境旅游流的空间结构特征，并与前期的东海岸入境旅游流进行对比分析。随着技术手段的不断更新，新的研究方法和研究视角不断拓展，一时间，在技术方法不断推进的过程中，取得了较为丰富的研究成果。其中，旅游大数据的应用起到了至关重要的作用，为深化旅游流空间结构的科学认识提供了重要基础（Juvan and Dolnicar，2014；Seetaram et al.，2014；Piriyapada et al.，2015；Gupta，2016；Mmopelwa et al.，2016；Mathis et al.，2021）。

（3）旅游景区系统空间结构

旅游景区空间结构一直是学界关注的焦点。威尔森（Wilson，1967）创建了最大熵引力模型，尝试性地分析了景区间的作用联系，以此为基础，分析了由联系强度大的景区组成的空间结构，为后来学界提供了新的研究方法。迪西和格里斯（Deasy and Griess，1998）以美国宾夕法尼亚的景区为例，利用旅游无差异曲线，分析了由景点组成的空间结构特征。奥泊曼（Oppermann，2010）分析了发达国家和发展中国家的旅游空间结构，发现旅游空间分布存在不均衡现象，尤其是欠发达国家的重要景区往往分布在经济较为发达的地区，“核心—边缘”结构特征明显。马罗库和佩西（Marrocu and Paci，2011）通过构建关系模型，主要探讨了英国重要旅游景区之间的内在联系，并对不同类型景区的空间结构进行了梳理和总结，为旅游区的综合发展提供了量化依据。皮尔斯（Pearce，2012）在分析旅游景区规划时，将旅游景区的空间结构划分为成熟型空间结构、发展型空间结构及起步型空间结构，为旅游景区的合理化发展提供了依据。韦弗（Weaver，2015）以加勒比海地区为研究案例，发现加勒比海沿线旅游景区的空间结构呈现集聚性变化趋势，同时分析了引起这种结构变化的成因，发现主要与景区的成熟度有关。罗伯特等（Robert et al.，2016）以德班海边休闲空间为案例，探讨了旅游景区间的休闲化发展差异，并按照休闲程度进行景区类别划分，在此基础上进行了不同类型景区空间结构的分析及对比。除了以上学者针对旅游景区进行专门研究以外，有的学者还对景区与城市进行了综合研究，发现了景区的发展与依托城市存在显著关系，在空间上呈现出与依托城市类似的空间结构特征（Pike and Page，2016；Rossello and Sanso，2017；Pratt and Tolkach，2018）。

2.1.3.2 国内旅游空间结构研究进展

国内学者对旅游空间结构的研究主要侧重旅游目的地空间结构、旅游流空间结构、旅游景区系统空间结构等方面，具体表现为：

（1）旅游目的地空间结构

国内关于旅游目的地空间结构的研究较为深入。阎守羿（1989）在总结和梳理我国旅游资源的性质与类型的基础上，将我国旅游区划分为若干个大的旅游带、旅游省以及基本旅游区，为后来旅游区划的深入分析奠定了重要基础。保继刚等（2002）开展了对都市旅游核心区（RBD）的研究，为RBD在后期研究的不断深化奠定了重要基础。吴必虎等（1997）较早地研究了环城游憩带的特征，对环城游憩带的概念进行了界定，并结合上海进行了实证分析，为后期环城游憩带国内研究的不断深化提供了重要理论参考。阎友兵等（1999）对旅游圈进行了界定，认为旅游圈是区域内各类要素相互作用及联系共同组成的空间形式，是一种追求最大效益的协作组织，同时指出旅游圈具有层次性且中心边界明确。作者根据属性特征，将旅游圈划分为多种类型，这为后来学者对旅游圈的深入研究提供了重要参考。有的学者认为旅游圈存在中心圈层结构和“核心—边缘”圈层结构。中心圈层结构是从中心不断向外围辐射，构成了旅游圈层结构；“核心—边缘”圈层结构也是从中心不断向外围辐射，与中心圈层结构不同的是，“核心—边缘”圈层在向外围辐射的过程中形成了小型环圈，而中心圈层结构往往形成的是圆圈状形式（谢明礼，2004；陈浩，2005）。其中，核心旅游区往往成为研究的重点，而边缘地区是指那些尚未开发或者基础资源条件相对落后的地带，短时间内尚不能形成旅游发展的增长点，也容易在开发过程中被忽视的地方。根据“核心—边缘”结构的特征，可以将旅游核心—边缘结构可以划分为3种组合模式。

我国学者陆大道先生根据发展轴和中心地理论提出了著名的点轴系统理论，它是制定区域生产力合理布局和城市发展重点的重要结构模式，也成为旅游学者争相研究的重点。点轴系统理论适用于旅游开发布局，在旅游开发中，点就是旅游中心城市或重点旅游地，轴线就是连接它们的通道。整个旅游系统的空间结构演变也是由“点”到“轴”，再由“轴”到“网”的演化过程（见图2－2）。如王昕（2013）以成渝经济区为研究区，探讨了区内旅游景区的空间结构特征，得出了旅游景区空间分布的集聚化特征，并发现其呈现出双核的空间结构，在规模等级上呈现锥形结构。此外，随着旅游空间结构的不断深化，部分学者将经济地理学的相关理论和方法应用于旅游学研究，经济地理学中的“点—轴”理论、“核心—边缘”理论、“空间一体化”理论相继被引入，为旅游地空间结构的发展和理论的逐步完善奠定了良好的基础（程晓丽等，2013；南宇等，2015；苟雨君等，2023）。

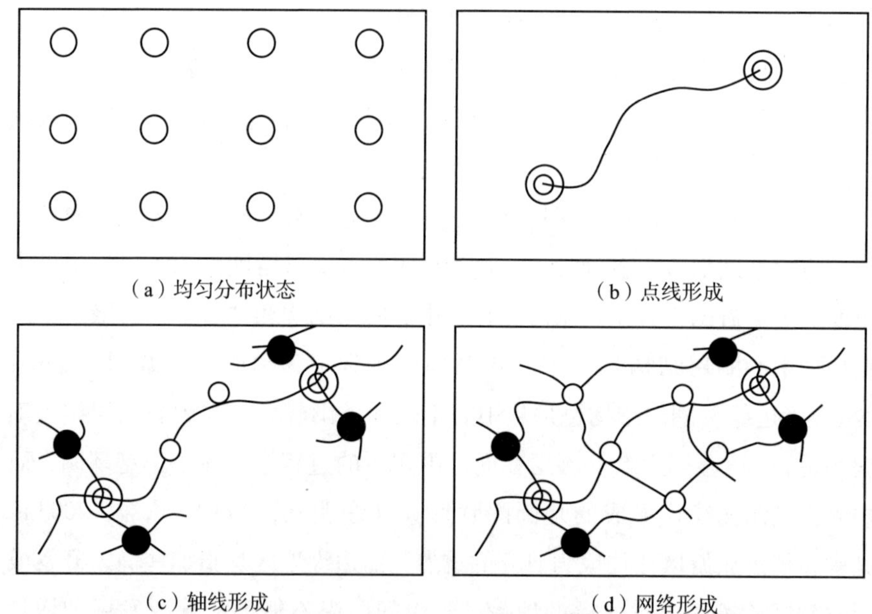

图2－2　旅游点—轴—网的形成

学术理论的不断推进，提升了学者们对实证分析的热情。一些学者开始关注旅游目的地的构成要素，以进一步优化旅游空间结构。张兴平（2000）利用 GIS 技术对旅游流及其线路分布进行了空间分析，测量了主要交通沿线的景点可达性，提出了优化交通网络布局及提升景区可进入性的对策建议。朱力（2010）以黄山为案例进行实证分析，指出黄山未来旅游发展需要建立在相对完善的旅游系统的基础上，并通过黄山旅游空间布局结构来指导城镇发展和其他产业合理化布局，优化目前的政出多门的局面，建立完善的旅游管理体制。卞显红等（2012）通过对旅游目的地空间结构及其规划布局特征的分析，提出了目的地发展规划中的关键要素和目的地发展的关键模式。吕斌（2014）从旅游地竞争的角度分析了三峡旅游区的影响因素，并对三峡旅游区的空间结构重构进行了分析和思考，认为三峡旅游区根据旅游地发展的历史，可以划分为水陆分化模式、空间掠夺模式及空间拓展模式，同时对不同的发展模式进行了阶段性对比分析，为旅游地空间结构研究的深化提供了新的视角。此外，有的学者还从旅游市场的角度出发，建立了立体式的旅游网络体系，分析了旅游网络空间结构的变化特征，为优化旅游地空间结构及其模式提供了依据（王慧娴等，2015；李俊芳等，2016；朱金悦，2016；穆成林等，2016；王筱春等，2016）。

（2）旅游流空间结构

国内旅游流空间结构的研究起步较早。郭来喜（1982）从地理学的视角出发，指出要分析旅游者的地域分布特征及其在地域范围内的空间移动规律，为旅游者行为研究的深化提出了发展方向。雷明德（1988）也注意到地理学的空间性在旅游研究中的重要位置，分析了旅游流在地理空间上的分布特征及其影响因素。卢云亭（1988）研究了国际和国内旅游流空间分布规律及影响因素。自 20 世纪 90 年代以来，旅游流的研究越来越受到重视，空间性受到学界的广泛关注。吴必虎（1997）对国内客源市场进行了空间分析，发现客源市场在地域空间上存在明显差异。万绪才（1998）在时空尺度的视角下，分析了南京市客源市场的空间结构特征。马耀峰等（2000）分析了入境旅游流在我国旅游热点城市的空间分布特征及其规律。

杨新军等（2000）从旅游者行为的视角出发，分析了城市在区域旅游空间结构中的地位，强调了城市作为节点的重要价值。王鹏等（2001）应用旅游地理和 GIS 方法对中国旅游流地理信息系统的建模方法进行了研究。杨国良（2002）从流向的视角出发，分析了四川入境旅游者在流向上的空间分布特征及其演化趋势，为四川入境旅游的合理化发展及线路的有效组织提供了重要依据。保继刚等（2002）以桂林为案例地，分析了桂林国内客源市场的空间结构特征，并提出了桂林未来旅游发展的对策建议。张安等（2004）通过对南京旅游者的出游数据分析，提炼了南京市旅游者的时空分布模式，并对这种模式的成因进行了人口统计学的特征分析。吴晋峰（2006）分别对我国重点旅游城市进行了客源市场分析，并对形成的客源市场结构进行定量对比评价，为重点旅游城市吸引客源提供了依据。这一阶段，学者们更多地采用问卷和统计数据相结合的方式进行研究，旨在厘清旅游流在空间上的变化特征，极大地推动了学界对旅游流的研究，为后来旅游流研究的转向和深化奠定了重要基础（张捷，1997；陆林，2002；杨新军等，2004；陈秀琼等，2006；张朝枝，2007；孙根年，2008；刘法建等，2009；张佑印等，2011；卢松等，2013；刘泽华等，2013；陈超等，2013；张研研等，2014；徐敏等，2020）。

随后，新技术、新方法、新视角相继被引入，众多学者分别研究了西安旅游区入境旅游流空间结构、三亚国内旅游者空间行为模式、北京市客流时空变化特征、北京入境游客路径轨迹与模式、南京客流内部变化规律及空间结构、重庆旅游流的内部空间结构特征及其模式、旅游流空间结构的影响效应等方面，为旅游流的深入分析提供了新的研究视角和分析方法（马晓龙，2014；宣国富等，2014；靳诚等，2014；杨兴柱，2014；涂建军，2014；王弈琪等，2014；牛亚菲等，2015；曹华盛，2015；吴晋峰等，2015；汪德根等，2015；章锦河等，2015；张少杰，2015；吴静等，2015；杨国良等，2016；秦静等，2018；刘大均，2018；徐敏等，2019；叶晓旋等，2023）。

（3）旅游景区系统空间结构

景区是旅游业发展的重要基石，研究和分析旅游景区系统空间结构对优化景区空间合理化布局起到重要作用，一直受到国内学界的关注。明庆忠等（1997）基于对旅游景观结构的分析，提出了优化旅游空间布局的建议。高卫国（2001）从旅游景区的构成要素出发，分析了旅游景区在层次性和空间结构上的特点，并对其影响因素进行了分析，但这个过程中较多的是对空间结构的表述，没有进行量化评价。吴必虎（2003）通过对国家 4A 级景区进行空间分布研究，发现景区的分布在地域上呈现明显的规律性，并对分布的景区与非农人口在 20 万以上的城市进行了空间关系分析，以此找出景区与城市的依托关系，为景区的空间分布规律提供新的发现。戴学军等（2003）将分形理论和系统理论运用到旅游学研究中，测度了南京城市内部景区空间结构的聚集维数和空间关联维数，并在分形维数的基础上进行了空间结构的探讨。此外，戴学军等（2015）利用分形理论对南京城市内部景区再次进行了分析，发现南京市景区分布呈现分形特征，提出了南京未来旅游发展的优化路径。冯淑华（2012）以赣南丹霞景区为例进行了分形分析，发现景区呈现明显的分形特点。陶全刚等（2017）基于县域尺度进行旅游景区空间结构的集聚分析，发现不同地域空间下的景区集聚性差异明显，长三角地区、环渤海地区及华中地区成为 3A 级景区主要分布区。随着研究的不断深入，对旅游景区空间结构的分析越来越重视技术和方法，地理信息技术、可达性分析技术相继被引入，为旅游景区空间结构研究的不断深化提供了良好的方法。靳诚等（2012）对长三角旅游景区进行了可达性分析，并根据景区可达性进行区划分析，为旅游地理区划分析提供了崭新的科学视角。潘竟虎等（2014）对中国 A 级景区进行了可达性分析，发现中国 A 级景区可达性具有明显的交通指向性，景点的县域可达性呈现明显强集聚特征，可达性的热点和冷点分布存在规律性，自东向西呈带状分布。此外，潘竟虎等（2018）进行了国家级自然保护区与可达性的关联分析，发现自然保护区呈现凝聚态势分布，空间依赖性较强，受到历史文化、气候条件、地势因素及水资源等因素的影响。

2.2 研究述评与思考

综上所述，国内外对于旅游流、旅游网络、旅游空间结构研究取得了较为丰富的研究成果，综合了多学科的理论体系与方法论，为旅游流的深入研究提供了良好的理论依据和方法借鉴，也为进一步深化游客流动网络结构的多时空特征及其形成机理问题的探讨提供了坚实的理论指导，但依然存在一些不足。

从研究内容上来看，以往的研究主要涵盖了经济学、社会学、心理学及地理学等多个学科领域，为游客流动研究的深化提供了丰富的理论指导，在规模状态、空间分布、格局演变、影响因素与其形成机制及其作用效应等方面初步形成了旅游流动的基本理论体系和研究框架。然而，以上研究更多地侧重对单一空间尺度的分析和尝试，对于多时间、多空间尺度的游客流动的综合研究却鲜有涉及，无法从根本上厘清和解决游客多时空尺度的流动规律及其尺度在游客流动中的作用这一科学问题。随着研究的不断深入及对多尺度游客流动规律科学认知的诉求，有必要从多时空尺度视角出发，重新认知和审视游客多时空流动的内在规律，进一步深化对旅游人地关系理论内涵的科学思考。

从研究方法上来看，以往的研究主要是对游客流动进行必要的质性与量化分析，对于解析和掌握游客流动的动态变化起到了一定作用。然而，这些模型和方法只是研究了游客流动某一个方面的问题，对于游客多时空尺度的流动特征、格局演化、机制揭示及模式提炼的综合研究却较少涉及，游客流动的多时空间的尺度体系尚未建立，亟须运用数据挖掘的技术方法，进一步结合社会网络分析技术、GIS 空间分析技术、时间序列模型、主成分分析与聚类分析等多种技术方法，突破传统研究方法的不足与局限，为揭示和提炼游客多时空尺度流动的内在规律及其演化模式提供研究方法上的创新。

从数据获取途径上来看，以往的研究更多采用问卷调查或抽样调查以及旅游统计数据的定性描述与定量统计分析，数据的获取过程缺乏可控制性、样本量有限，难以反映被调查者的真实意图和流动过程。随着互联网技术和地理信息技术的深度融合发展，地理标记照片成为新的研究数据源，它具有信息量大、互动性强、方便快捷的天然优势，相比传统的网络结构分析，这种隐藏在复杂网络中的关系为网络虚拟空间向地理真实空间的转换研究提供了重要依据，为旅游“人与地”的关系转换提供了新的科学研究视角。因此，为了真实刻画游客的流动轨迹及实现对旅游流动多时空尺度的精确表达，迫切需要在地理标记照片数据挖掘技术的支持下，实现对旅游流动多尺度研究的深化，为旅游流动的多时空尺度演化研究提供崭新的数据获取途径。

综上所述，不难发现，无论是在研究内容上，还是在研究方法和数据获取途径上，游客流动研究都迫切需要在理论与方法技术体系上给予更多的关注。随着研究的不断深入，我们越来越感觉到，要想科学认知当前多重空间尺度下涌动的各类旅游现象和旅游活动的本质，要想正确解读旅游“流动性”的空间内涵及其外延的表现形式，要想客观把握“新移动范式”下的地理空间及附加其上的动态与意义，要想全面厘清游客流动在多时空尺度下的动态变化与内在规律，必须将游客多时空尺度的流动研究推向新的高度，为“移动—活动”规律和“流动—空间”机理的揭示提供一个重要突破口。

上述认识无疑加深了我们对游客流动研究科学内涵的理解，引发了对游客流动多时空尺度网络结构特征及其演化模式的重新思考与科学考量，对于挖掘和分析游客流动的多时空尺度特征及其演化规律有着极其重要的启发意义。但是，仍有诸多重要的科学问题有待进一步思考与探索：游客流动的多时空尺度特征具体表现形式是什么？如何表征多时空尺度下的游客流动？游客流动多空间呈现怎样的格局状态？游客流动在不同空间下又将发生怎样的演化？引起游客流动发生变化的内在驱动要素与机制是什么？如何厘清游客流动与旅游网络空间的交互作用及其内在机理并对其进行分析与表达？不同时空尺度下游客流动网络演化的典型模式是什么？如何在多时空尺度下总结和提炼不同游客流动网络的演化模式？如何在不同的模式指导下加强目的地间的旅游合作？等等。

可见，在数据分析技术支持下，挖掘和归纳游客数据信息，在多时空尺度下研究游客流动特征和网络结构演化模式，为重新认识和审视游客流动网络的多时空尺度特征及其演化规律提供了新的研究途径，对于“行为—流动—空间”理论内涵的深刻解读，无疑开辟了新的视角和方向。本书涉及的游客流动网络多时空尺度的特征分析、流动网络结构的多时空尺度演化、游客流动网络结构的多时空尺度演化机制和模式等科学问题的研究，对于基于地理标记照片的入境游客流动网络结构的多时空尺度演化模式研究无疑是一次尝试性的创新和突破，是现代旅游地理学理论与实践的一次全新探索，会进一步丰富旅游地理学、行为地理学和时间地理学的理论内涵与方法体系。

2.3 相关理论基础

本书沿着入境游客流动网络结构的多时空尺度特征、格局演化及其模式提炼的研究脉络，从选题的理论依据出发，从网络结构的系统性、网络结构的复杂性、网络结构的空间性、网络形成的游客行为性等方面进行理论基础分析，借助旅游系统理论、社会网络理论、旅游空间结构理论及游客行为理论，为本研究的有序进行提供科学的理论支撑。

2.3.1 系统理论

进入21世纪以来，越来越多的学者开始重视将系统思维、系统方法与地理学、旅游学相结合，这被当成一种新的研究趋势。“系统”在古希腊语中意味着事物中共性的部分和每件事物应该占据的位置，是由各相关的离散元素有机集合而成的，可以说系统是由相互作用的若干组成部分结合而成的整体。贝塔朗非（Karl Ludwig von Bertalanffy）看出“系统 ”的重要性，他在1937年最早把系统当成科学概念来进行各种分析并将其看作是“处于相关联系中的各要素的集合”。钱学森认为系统是由相互作用和相互联系的若干部分组成的有机统一体。张文焕等（1990）认为系统是由各子系统有机结合而成的，它们可以独自运转，同时具备各自独特的作用。当整个系统开始运转时，各子系统一方面发挥着自身功能，另一方面通过各种因素的流动将整个系统功能体现出来。子系统和各要素的共同作用促进了整体系统的不断完善和发展。在这个过程中，整体功能往往大于各局部功能之和，这就要求在对事物的处理过程中需要将其看成一个系统进行分析，促使其整体功能得到充分发挥。此外，随着系统论的日益完善，它已经被应用于多种学科。系统论强调事物之间的联系和相互作用，这种联系和作用通过结构的改变和功能的提升来实现，并支配着事物演变的方向和强度。系统功能的提升和结构的改变，往往需要对系统内部主要组成部分进行系统化的操作和深化，使之达到预期目标。目前，系统论已经被广泛应用在各学科和实际工作中，而对于综合性极强的旅游研究来说，系统论具有十分重要的意义。

2.3.1.1 旅游系统理论

经过研究以后，“旅游系统”作为一个新的旅游名词被国内外学者广泛接受，但是针对它的各种最基本的概念和特征却依旧存在着严重的分歧。国外学者针对旅游系统的内涵进行了大量的理论研究，尽管各有侧重，但是总的来说可以将其分为三种：一是美国学者古恩（Gunn，1972）认为旅游系统是在要素间相互作用和相互联系基础上形成的集合体。二是澳大利亚学者雷珀（Leiper，1979）提出的，旅游作为一种纯粹的旅行，是一种在旅游目的地进行短暂停留而形成的功能系统，它不应掺杂任何的利益目的（见图2－3）。三是美国学者莫里森和米尔（Morrison and Mill，1992）从经济学的视角出发，将旅游系统看成是由系列要素在相互联系和作用的基础上形成的一种经济系统，要素间的经济联系更为密切。这种观点也是将旅游看成经济领域的产物，是对旅游认识的深化和提升。

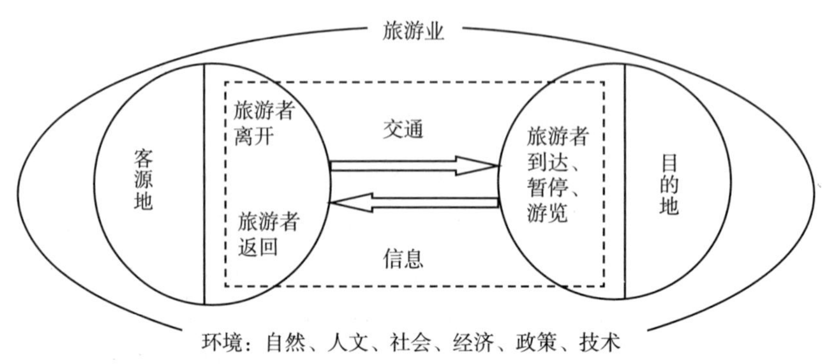

图2－3　旅游系统

资料来源：Leiper，1979.

国内很多学者也针对旅游系统进行了广泛的理论研究和探讨，一般来说他们主要从以下几个角度进行研究：旅游系统的功能、旅游系统与系统所处环境的关系以及空间结构等。吴必虎（1998）在经过大量的理论研究以后把旅游者进行的旅游活动看作是一种由目的地、客源市场、支持系统以及出游系统组成的系统即旅游活动系统（见图2－4）。在这个系统内，由市场系统、支持系统、出行系统、目的地系统四个子系统组成，其中，目的地系统最为复杂，涉及旅游吸引物的各种属性信息，还包括目的地的基础设施和基本服务能力等，在市场系统的支持下，游客从事外出旅游活动，获得旅游体验和提升休闲娱乐性。旅游者的出行过程涉及交通设施、旅游服务、信息促销，它们为旅游者的体验过程保驾护航。广义的游憩活动谱（recreation activity spectrum）上的所有类别，像日常休闲、社区游憩以及一日游等都被囊括在内。

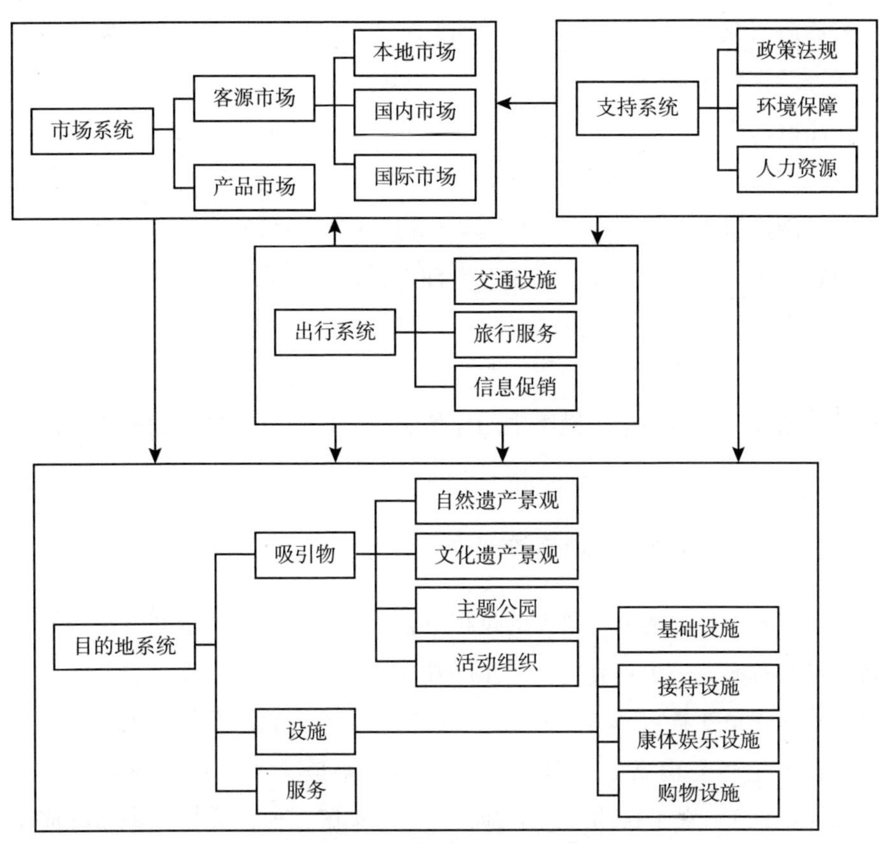

图 2-4　旅游系统的结构

资料来源：吴必虎，1998。

刘峰（1999）从旅游活动的视角出发，认为旅游系统是建立在旅游活动的基础上，由参与旅游活动的各个因子相互作用及制约形成的有机体。这种旅游系统也被认为是旅游活动系统，对于这种旅游系统的理解，更多的是建立在旅游者从事旅游活动的实际出发，具有一定的实践性。吴人韦（2013）认为旅游系统是由旅游者、旅游地以及旅游企事业组成，这三种相互联系的主体经过有机结合使旅游系统具备三大功能，即运转、增益以及竞争。当然此处我们所说的旅游系统的定义本质上其实指的就是旅游活动系统。可见旅游活动不仅包括旅游者活动，同时还包括旅游业活动。在进行旅游研究和开发时，旅游系统研究通常会作为一个核心问题被学者广泛研究。

旅游系统理论对于本书的指导意义在于，旅游网络作为一个复杂的动态变化网络，有着自身的时间性和空间性，随着时间的变化，旅游网络的复杂性随之变化，但无论其变化程度如何，旅游网络始终作为一个系统整体存在，不同的子系统相互作用，发挥着各自的功能，促使系统网络朝着更好的方向演变，在演变的过程中，折射出游客的流动特征、方向和规模，及其背后隐藏的各类因素，为复杂旅游网络的形成机理、节点作用价值的判断及子网络在整个网络中的地位和扮演的角色提供总的研究思路和引导方向。

2.3.1.2 旅游目的地系统理论

在对旅游目的地进行研究的过程中，学者们将系统思维和方法与之结合，将其看成是一个具有整体形象的开放系统，从空间角度看它存在层次性，从管理角度看它又具有一定的行政依托。作为旅游系统六大子系统之一，它集生产与消费于一体，是与游客关系最为密切的子系统。古恩（Gunn，1988）对于目的地系统有着自己的理解，他认为目的地系统应该具有吸引、服务、对外联系及内在关联的功能，这些功能相互间具有联系和约束，共同组成一个复杂的系统。吸引是产生旅游者的直接因素，决定了目的地的吸引范围和吸引能力。服务可理解为目的地需要提供质量服务，是产生旅游者满意度的重要标尺。对外联系可理解为目的地与外界在联系上需要存在稳定的关系，尤其是对外的交通可达性要素，决定了旅游者的可进入性。内在关联可理解为目的地系统内部的组成要素间需要建立广泛的紧密联系，这种关联不仅体现在各个子系统之间，更是体现在同一个子系统内部的要素之间。此外，目的地系统还应具备对外辐射和集聚的能力，不仅可对自身系统进行优化升级，还能够与其他系统间建立广泛联系，共同促进目的地系统的完善和提升，从而达到优化升级的目的。

吴必虎（1998）将目的地系统看作是由多种因素有机组合而成的综合

体，主要包括为已经到达旅游目的地的游客提供各种游览、享受、食宿、购物、娱乐、体验或某些特殊服务等。可以得出，在六大子系统中，旅游目的地系统应该是与游客关系最为紧密的。具体来说，它由以下三大要素构成：吸引物、设施和服务。朱青晓（2005）在国内外优秀研究的基础上，经过大量实例研究，系统分析了该系统的空间结构组成状况，认为在空间形态上旅游目的地系统的空间组成要素可分为点状、线状以及面状。在此基础上，她针对其空间结构总结出了一套一般模式，即将各种景点和景区以及旅游中心地作为相互连接的节点，以各种旅游基质为背景，借助对外通道进行景区与外部的衔接，对内通过旅游线路进行景区内各景点或服务设施之间的衔接，最终将整个旅游区作为完成整个旅游活动过程的最基本的空间地域单元。一个地区想要变成一个旅游目的地，需要各种要素的配合，若从最基本的物质角度出发，旅游目的地系统在形成过程中离不开以下三种最基本的要素：资源、服务以及各种设施，缺少其中任何一个要素，该地区就不可能成为旅游目的地。同时，空间结构对于其形成过程也具有至关重要的作用，具体来说，因为目的地系统必须依靠空间结构进行承载，三大要素也需要通过区位空间来进行实体化。旅游目的地系统的重要性吸引了国内外诸多学者的广泛投入，为旅游空间结构的精细化表达和基础要素的合理化配置提供指导。

旅游目的地系统理论对于本书的指导意义在于，旅游复杂网络的形成是在诸多子网络的基础上，通过不同的连接和互动及节点发挥作用最终形成，这些子网络正是由若干个旅游目的地系统组成的，构成了复杂旅游网络最为基础的地域单元，游客流动之所以选择从某一个子网络的节点出发，正是因为该子网络具备了旅游目的地系统的基础三要素，为游客旅游活动的发生和顺利进行提供了必备的前提条件，进而引发了游客从一个节点到另外一个节点，这也就要求复杂的旅游网络的形成前提是若干个具备旅游要素功能的子网络，这些子网络结合自身的特征发挥着必要的作用和价值，为复杂旅游网络最终呈现的特征、演变过程和方向及机理的形成提供了重要参考依据。

2.3.2 社会网络理论

事物间联系的不断加深，形成了一种越来越稳定的关系，这种关系就可以理解为网络。对于网络的理解不仅是对关系的分析，更是对各种关系组成集合的分析，在对网络进行分析时，通常需要对关系进行分解，并对结构特征进行分析，以实现对网络结构形成要素的综合把控。随着网络的不断成熟，社会网络逐步形成，可将其理解为社会行动者（social actor）及其相互之间关系的集合，是对网络复杂性的深化和提升。社会网络通常涉及节点、关系及其连线，其中，节点和连线是最基本的要素，关系是网络的内在表现，表征网络节点联系的紧密程度，社会网络则是对节点、关系及其连线的形式化表达。就社会网络分析而言，对于行动者本身及其关系的分析变得越来越重要，尤其体现在对不同数据类型的分析上（李欣存，2016）。传统意义上的数据分析往往更关注行动者及其属性，以及同一类型的行动者由于属性不同而存在的差异。但对于网络数据来说，行动者本身及其关系则变得很重要，不仅需要分析行动者的个体属性，同时更需要理清行动者间的关系表征，更注重关系的表达和分析。

社会网络最早由英国学者布朗提出，是解释社会学现象的一种方法，后来逐步在西方社会学中得以广泛应用，主要解决了社会学中的关系及其结构相关问题。社会网络也是在数学图形基础上进行的关系表达，解决的是社会结构和社会关系。对于社会网络的理解可以分为两个层次：一是对社会结构分析的理论和方法，这是构建社会网络的基础表达，呈现的是对网络中的节点、关系及其连线的综合分析，也是研究社会问题的前提和基础。二是对构成网络的结构特征的分析和表达。结构又是由行动者及其关系构成的，因此分析社会结构本质上是对行动者及其关系进行分析。随着行动者关系的复杂化，学者们越来越需要对行动者进行网络关系分析，不仅解决行动者本身的内在关系，同时有效挖掘行动者和其他行动者之间的外在联系，这对于解决行动者的社会关系变得越发重要。当然，随着社会网络的不断成熟，事物间的关系也变得越来越复杂，社会网络提供了一种解决复杂关系的科学方法，受到不同学科领域的广泛推崇。管理学、社会学、经济学、心理学等学科也开始相继引入社会网络分析方法和理论，为学科的发展注入了新的血液，也得到了学界的广泛认可。

随着受关注度的不断提升和应用的多元化，社会网络已不再局限于社会学领域，对于旅游学科的研究也具有强大的解释力。社会网络的核心和要点是解决结构问题，将复杂的关系建立在一个网络模型中，再通过模型的处理和简化，最终将复杂关系进行明确化。这种复杂关系的处理过程也是对结构和个人行为产生影响的分析过程，这也是社会网络的价值和意义所在，通过复杂关系实现对结构和个体的影响。因此，对于社会网络的分析，不仅要注重结构特征的解析，还需要对这种结构产生的影响进行解析，从而实现对社会网络的深入理解。当然，社会网络不仅是解决结构问题，还要对功能进行把控，实现结构变化带来的群体或个体功能的改变。这对于旅游地学中流空间分析显得格外重要，有利于实现对旅游流空间的综合把握，以及对流网络引起的结构和功能改变的分析。到目前为止，社会网络理论已经相对成熟，逐步发展成强弱关系理论（the strength of weak ties）、社会资源与资本理论（social capital）、嵌入理论及结构洞理论（structural hole）等，这些理论为复杂网络结构特征的分析提供了重要基础。

社会网络理论对于本书的指导意义在于，旅游网络的形成和变化是动态的，随着时间的推移，旅游网络的复杂程度越高，更为深入地厘清和解释网络中出现的节点和节点发挥作用的程度也就越困难。社会网络理论不仅能够指导分析网络中存在的各种关系，更能从结构入手，解释网络结构对群体和个体功能的影响，对于不同时空尺度下由游客流动形成的复杂网络的研究至关重要，同时对应用网络数据揭示的游客流动所反映的关键问题的有效解决起到重要作用，进而对游客流动多时空尺度下的网络关系的形成及整体网络与子网络之间关系的有效判定发挥应有的作用。

2.3.3 旅游空间结构理论

从系统科学角度出发，结构可以被定义为一种系统内部组织，同时也可以将其看作一种不同要素进行有机联结的方式或者关系。一般来说，系统结构与功能具有非常紧密的联系，经研究发现两者呈现高度的正相关。旅游区域是由部门、空间、企业、管理、资源、地域、时间、需求以及信息等多种复杂结构共同组成的。吴必虎（2001）认为旅游空间结构在各种结构问题中尤其需要重视，应该对此进行深入的研究。一般来说，一个空间结构越是符合一个地区的实际情况，那么该地区的旅游业成长得就会越好，反之则会越差。

1906 年，德国学者施吕特尔（A. Schluter）在关于人类地理的“景观论”思想中首次提出了空间结构理论，之后有关旅游空间结构方面的探索都将其作为最重要的理论基础。作为学者们研究的重点，它存在两大特点：一是旅游资源具有分散性和不可移动性，决定了旅游活动只能在具有旅游资源的地方进行；二是由于各地区之间存在较大的经济文化差异，这就导致旅游者之间存在不一样的旅游需求，因此即使是一种相同的资源，对不同的旅游者，它的价值也会存在着非常显著的差异性。学者们研究发现，旅游空间结构存在着单个旅游目的地空间结构和旅游系统整体空间结构两个不同层级，且各自存在不同的特点。单个旅游目的地是指一种服务体系和旅游设施的空间集合，这种空间集合在吸引一定数量的旅游者的同时，能够较好地满足旅游者的各种需求。旅游系统中的点（客源地、目的地）、线（交通线）和面（旅游系统占据的地域）是旅游系统空间结构研究的重点，这种结构通常更加注重通过一种节点思维来研究这三种要素之间在空间上展现出来的关系（胡勇，2018）。

道格拉斯·皮尔斯（Pearce，2012）针对旅游空间结构开展了大量的系统研究，并且取得了非常可喜的成绩。他在借鉴他人优秀成果的基础上将其看作是各种旅游经济客体在空间层面上通过某种联系有机结合而成的一种相互关系，同时也包括这种关系的客体和现象在投射过程中在空间上体现出的一种集聚状况。他认为可以采用系统研究区域旅游在空间上的布局情况及其组成模式的方法，进而从中得到各个小地区之间的空间相互状态，同时以此为基础最终分析推断出区域旅游在空间上的分布状况特征。旅游空间结构作为旅游活动的表现形式，一方面揭示出旅游活动具有相互性以及空间性，另一方面对于指导相关地区的旅游发展起到了非常大的帮助作用。在研究旅游空间结构时，应该注重将在空间上具有相互关系的事物当成一种具有一定功能的有机体。尽管针对这方面的研究有很多，但是一般来说我们将其分成以下几种类型。

（1）旅游中心地理论

一般来说，旅游中心地除了通过旅游吸引物来招揽游客以外，更多地体现了一种集散作用。针对区域外的旅游者，旅游景点或是旅游区、旅游中心地都能通过接待、交通以及信息传递等方式满足其相关需求，它作为一种衡量指标，将旅游中心地划分成不同的等级，进而影响各级旅游地的对外服务职能。在等级网络的旅游中心地体系中，高等级旅游中心地会将服务职能向区内较低等级旅游中心地开放。如今，国内已经开始研究旅游中心地理论，越来越多的学者将其作为研究的重点。其中，马勇等（2011）、吴必虎（2001）、柴彦威等（2003）针对旅游中心地的应用从不同的角度去研究，均取得了较为突出的研究成果，对于分析和判断级别较高的旅游地的作用提供了重要启示。该理论认为，旅游中心地存在着等级—规模差异，并将其看成旅游活动的关键节点，处于不同等级的中心地在地域空间方面存在着一定规律性和关联性，而这种由不同等级中心地所形成的有机组合会同时受到客源市场、区位条件、旅游资源以及区位特征的影响。各旅游中心地之间存在着不一样的吸引范围，按照市场原则构成的系统具有正六边形空间结构。第一，因为旅游空间结构极易发生变化，所以其引力区域的形态不能保证全是十分平整的六边形；第二，周边旅游资源分布格局也会使旅游中心地引力范围的空间结构发生改变，使之呈现出五边甚至是七边等不规则多边形的模样；第三，各旅游中心地的作用和地位是会变化的，如通过新资源的开发利用，三级旅游中心地可以变成二级甚至是一级旅游中心地（靳诚，2010）。

旅游中心地理论对于本书的指导意义在于，它指出了旅游地中存在的重要节点及节点地位的差异性，节点对旅游地产生的作用和影响是不同的，这就要求，对于重要节点的分析和把控要到位，本书涉及复杂旅游网络，存在着大量的节点，差异性突出，找出发挥关键作用的节点和这些节点在旅游网络中起到的作用是至关重要的，这就进一步要求本研究在分析旅游网络的演变过程中，节点扮演的地位和作用不容忽视，对于厘清和把握旅游网络的演变过程和方向具有重要参考价值。

（2）旅游“点—轴”空间结构

1984 年，国内经济地理学家陆大道从空间组织形式角度出发，借鉴空间扩散理论、增长极理论以及中心地理论开展了对区域开发战略模型的研究，并在此基础上首次提出了“点—轴系统”理论，其中“点”就是指各种规模的中心城或者镇，而“轴”说的是各种基础设施线组合而成的“基础设施束”，包括通信干线、水源干线、交通干线以及水源干线等。并且这种轴对于周边地区的经济具有非常强大的吸引作用以及凝聚作用，同时聚集在轴上的各种社会经济设施也可以借助物质流或者信息流来对周边区域产生很强的空间扩散作用。

经研究发现，该模式的核心是：绝大多数的旅游经济客体（如交通、客源市场以及目的地等）聚合在各个节点上，并且随着各种线路之间的连接，最终组成一种高度融合的空间结构体系。随着旅游“点—轴”的逐渐扩散，由“旅游点—旅游轴—旅游集聚区（旅游圈）”构成的一种新的空间结构将出现。在旅游“点—轴系统”中，“点”指的是包括旅游饭店等旅游接待设施、旅游景区（点）等旅游吸引物聚集体以及旅游城镇等旅游实体要素在内的旅游节点。这些“点”一方面是各种旅游地区的聚集地，另一方面作为旅游中心地能够很好地促进周边地区旅游的发展。而“轴”是指一种旅游产业密集带，是由相关沿线上的不同等级旅游中心节点有机结合而成的，具有旅游基础设施较为完善、旅游接待设施分布较为集中以及旅游资源开发较为密集的特点。同时一般来说分布在轴上以及周边的相关地域都具有较为雄厚的经济基础，开发模式以及相关选择也更多，因此旅游产业密集带又被叫作“旅游发展轴线”或者是“旅游开发轴线”。旅游“点—轴系统”是旅游空间结构模式中不可缺少的一部分，因此学者们在进行区域旅游发展研究时一直将其作为重点研究对象（胡勇，2018）。汪德根等（2005）认为该旅游发展模式和区域经济社会的发展模式具有非常大的相似性，但是它并不能很好地适应目前条块分割、区域分割的地区利益情况。为了寻求更好的办法来对区域旅游空间结构进行进一步改进，他以“点一轴理论”为基础，借鉴国内外最新研究成果并且在进行大量实证研究后提出了由“点”“轴”“面”有机组合而成的“板块旅游”空间结构模式，进一步延伸和拓展了旅游“点—轴”理论的科学内涵。

旅游“点—轴”空间结构理论对于本书的指导意义在于，旅游复杂网络是由不同区域的子网络构成的，不同区块的子网络之所以能够形成集聚，是通过节点将其连接在一起，这些节点在网络中以特殊的轴线连接，构成了旅游网络中的“点”与“轴”，不同的子网络反映在空间上形成了不同的“面”，通过对不同时空尺度下旅游网络的分析，就会形成大小不同、功能各异、反映在不同空间尺度上的“点”“轴”“面”的有机组合及类型多样的空间结构，为细化和抽象不同时空尺度下的游客流动模式提供了重要指导意义。

（3）旅游“核心—边缘”空间结构

美国学者弗里德曼（J. R. Friedmann）在增长极理论的基础上，经过大量分析研究后提出了更加系统化、更加动态化的“核心—边缘”理论模式。他利用“核心—边缘”理论模式解释了区域联系发展中的演变过程，即从最初的相对独立发展、毫无关系到差异化发展、地区间产生交互过程再到最后的地区间平衡发展紧密相连。他提出无论哪个区域空间系统，都会存在外围以及核心这对子系统。

一般来说，区域旅游由外围部分和核心部分构成，而旅游分异规律决定了越高层次或等级规模的旅游地域核心性越明显。现实旅游区域之间是存在着明显不同的，尤其是在自然条件、资源分布以及市场与环境等方面体现得更加显著。一些地区的客源基础更好，资源也能够较其他地区更早地进行开发，各种基础设施也可以随之完善，从而最终形成一种旅游空间集聚态势。强大的竞争优势使该地区与周边地区差距不断拉大，最终成为周边地区的核心，或者说成为这一旅游地域空间中的旅游中心（靳诚，2010）。外围地区受核心区影响，其集聚性弱化，进而不得不依赖核心区进行发展。这种空间竞争形成了一种旅游外围腹地的空间层次，并且在此基础上发展为旅游“核心—外围”的空间结构。一般来说，旅游空间子系统的范围通常会根据城市旅游经济的变化而发生相应的变化，这会造成空间关系的重新整合。研究发现，这种过程在空间一体化形成之前一般是不会停止的。地域旅游核心具有层次性，一般来说，处于较低层级的地域旅游核心包括旅游城镇、县级旅游城市或者大的旅游区，比如国家旅游度假区或者国家级风景名胜区等，而处于高层次的旅游经济核心包括大旅游城市或者是特大旅游城市以及大旅游城市群等。区域中通常只会存在一个核心旅游城市，但不排除有些区域存在两个甚至是多个，旅游核心城市拥有集聚、传输、组织以及辐射扩散功能（胡勇，2018）。

旅游“核心—边缘”空间结构理论对于本书的指导意义在于：有助于发现区域中的核心城市及其对周边区域的影响。对于本书中涉及的旅游网络，重要节点往往扮演着区域核心的角色，周围节点属于外围地带，核心节点发挥的一般是扩散作用，周围节点往往受到核心节点的支配和辐射，核心节点具有明显的资源和市场优势，吸引着周围腹地的节点朝着核心节点集聚。在大型旅游网络中，核心节点与周围腹地节点共同组成若干个小的旅游网络，这些小的旅游网络发挥着各自的作用，彼此间形成竞争并在更大范围内争相占据更多优势，从而加剧了不同子网络之间的竞争。正是这些地域分异不同、功能不同的子网络的交互作用，最终决定了整个旅游网络的演变方向和进程。

2.3.4 游客行为理论

游客行为是以游客为主体进行的旅游活动过程中发生的系列行动，这个过程通常由游前、游中及游后组成，是游客在旅游活动过程中的综合行为反映，不仅包括对目的地的满意度和体验，还包括游客感知、动机及态度等问题。游客行为过程本质上是对游客自身和游客对目的地综合评价的过程，同时又受到游客所处的环境包括当地的经济水平、环境变化、消费水平等因素影响，还受到游客自身属性的影响，游客在认识和消费产品的过程中表现的心理过程及行为方式，正是对游客行为过程最好的诠释。行为方式的内涵包括游客决策行为、游客空间行为及游客消费行为，其中，游客决策行为和消费行为属于经济学范畴，是将游客看成“经济人”，主要分析游客的消费动机和消费需求及消费方式等问题。游客空间行为强调地理意义，是对游客行为过程的空间化表达，表征了游客在旅游活动过程中的空间位置变化。地理学强调空间特征，这就决定了研究游客行为时需要对空间上的流动进行分析，把握这种流动现象的成因及机理，为游客空间行为的深刻表达提供依据。行为的内涵涉及游客动机、游客感知、游客认知、游客偏好、游客决策及游客满意度等，涉及的学科领域也在逐步扩大，管理学、经济学、行为学及心理学都有所涉及，对于游客行为的研究也不再局限于对游客行为特征的分析，往往是对游客行为过程中的感知认知、消费过程及游后评价等方面的综合研究，是对游客行为分析的深化认识。同时，随着旅游地学的发展，游客行为虽然也在强调空间性，但不再局限于空间上的表达，而是较多地开始转向引起游客行为时空变化的成因及其机理的分析，为游客行为的时空尺度分析提供了依据。

游客行为理论对于本书的指导意义在于：它不仅能有助于分析和总结游客行为过程和行为变化的规律，而且也有助于对游客行为的发生做出综合判断与预测。本书所涉及的游客流动正是基于游客在旅游活动发生过程中及发生后引发的系列连锁效应：通过对不同游客在互联网上留下的内容丰富的海量数据信息进行爬取、挖掘、分析、归纳和总结，揭示出游客流动的特征和所形成的复杂网络中节点的关系以及不同节点在关系网络中的地位和角色，从而为复杂旅游网络结构的演变过程分析及模式的提炼奠定基础。

2.4 本章小结

本章主要综述了国内外相关研究进展，重点阐述了旅游流、旅游网络、旅游空间结构三个方面的国内外相关研究，为本书选题的前沿性和创新点的提出奠定了基础。针对旅游流方面，国外学者主要从旅游流的流量规模、流量的空间模式及旅游流的影响因素等方面进行了较为深入的研究，为国内旅游流的有效开展和后续研究提供了较为扎实的基础和方向；国内学者一方面借鉴了国外学者的相关研究方法，另一方面结合国内的客观实际，提出了具有针对性的旅游流理论和相关论点，主要探讨了旅游流的理论体系、流量规模、空间模式及影响因素，从理论到实践的应用，形成了较为完整的研究体系，为利用大数据深入研究游客流动奠定了良好的基础，也为小数据到大数据的转变提供了科学素材和指导方向。针对旅游网络的研究，国外学者较多地集中在旅游目的地网络结构、旅游企业网络及旅游网络结构的影响方面，国内学者则集中在旅游流动网络、旅游企业网络、旅游经济网络及旅游网络的影响效应方面。

国内外学者的研究视角和研究对象尽管存在某种程度的差异，但社会网络分析方法在研究中起到极其重要的作用，研究者均采用了大量的社会地理和旅游地理的研究方法，结合社会网络分析方法，综合集成了多种分析方法和技术对旅游流动网络、旅游企业网络、旅游经济网络及旅游网络影响等方面进行深入研究，为流动现象从表层到内在里层的揭示提供了可操作的示范指导。针对旅游空间结构的研究，国内外学者集中在旅游目的地空间结构、旅游流空间结构、旅游景区系统空间结构等方面，研究过程从较为单一的目的地逐步转换到较为复杂的面域系统，有效揭示了多要素在地域空间上的结构特征，而对于旅游流空间结构的探讨主要集中在以问卷访谈为基础数据素材的流空间的分析。以上研究尽管存在一定的不足，但对于深化流空间的科学认知和游客流动所能揭示的地理空间的变化起到了极其重要的引领和示范作用。此外，结合本书选题，本章给出了系统理论（包括旅游系统理论、旅游目的地系统理论）、社会网络分析理论、旅游空间结构理论（包括旅游地中心理论、旅游“点—轴”空间结构理论、旅游“核心—边缘”空间结构理论）及游客行为理论等相关基础理论，同时指出了这些理论对本书的实际指导意义，为选题的科学性提供了理论依据。

第3章

研究范围、数据来源与网络构建

伴随着物质流、信息流、资本流等多种类型的流在空间上转移，“流空间”成为近年来人文地理学研究的重要热点问题。本书结合旅游地理学的发展动态和研究前沿，以入境游客流动为着眼点，立足多时空间的研究尺度，从不同时空尺度厘清和分析入境游客流动的特征及其变化趋势，以期从中发现和挖掘入境游客流动的规律性特征，为游客流动的多元化和多时空分析提供崭新的研究视角，这就决定了本研究的范围界定、数据来源以及网络构建将基于不同尺度。尺度在本书中到底扮演何种角色是首先需要解决的重要科学问题。根据第1章对尺度的界定可知，尺度存在内在关联性，这就要求我们在对尺度的划分上选择具有关联性特质的案例研究区。比如本章选择的苏州、苏锡常地区和长三角地区，它们不仅符合尺度在范围扩大上的要求，更重要的是，苏州是长三角地区的典型旅游城市，以其突出的江南水乡特色闻名遐迩，同时，苏州还是最接近上海的典型城市，对于入境旅游者来说，从上海门户城市进入中国境内，游览苏州的可能性大大提升，这也就是本书选择苏州作为最小尺度的重要原因。同时，从尺度研究的必要性来说，苏州城市内部考察的是景区节点间的关系，所反映的是入境旅游者在城市内部对景区节点的偏好，但对于多数入境旅游者而言，随着我国城际高铁和城市间交通网络的不断完善，跨城市旅游现象越发凸显，仅分析苏州城市内部游客流动就显得不足，因此，既要体现城市内部游客流动特征，又要满足跨城市景区节点的客观实际，选择更大尺度就显得很有必要。苏锡常地区是以苏州为核心的区域，也是苏南地区经济文化和旅游发展最好的区域，在入境旅游者选择一日游或两日游及多日游的时间尺度下，以苏州为核心的苏锡常地区的可进入性和选择性大大增强。此外，随着跨城市旅游现象的凸显，部分入境旅游者不再局限于在某一个特定的城市进行旅游活动，而是倾向选择知名度和影响力更大的景区，对于长三角地区来说，区内发达的交通体系、相对完善的基础设施及旅游景区的高度集聚性为城市间旅游活动提供了可能。因此，综上可知，针对苏州城市内部、苏锡常地区、长三角地区的尺度选择，不仅能够解决入境游客在城市内部景区节点间流动的相关问题，还能用于分析入境游客因跨城市景区节点的选择导致流动的客观规律，因此可以说，多尺度的选择是必要的，能够在不同的尺度下分析和揭示入境游客的流动规律，为入境游客流动在多时空尺度下的综合研究提供重要依据。基于此，本章将从微观尺度、中观尺度和宏观尺度三个空间尺度对研究范围、数据来源和网络构建加以分析和表达，旨在为入境游客流动的多时空尺度特征分析及其演化模式的构建奠定重要分析依据。

3.1 研究区概况与研究范围

3.1.1 研究区概况

苏州位于江苏省东南部，是苏南地区的典型代表城市，以其快速发展的经济闻名于全国，是长三角地区乃至全国位居前列的经济文化强市。苏州不仅经济发达，市内旅游资源禀赋优良，交通体系相对完善，人均自由可支配收入整体较高，出游率在整个长三角地区名列前茅。苏州不仅有闻名遐迩的园林，更有“上有天堂，下有苏杭”的美誉，旅游业发展势头强劲，也是江南水乡的代名词。长期的旅游开发建设，已使苏州成为长三角地区典型的旅游城市，以其独特的资源特征和产品形式吸引着国内外游客前来旅游体验。

苏锡常地区是指苏州、无锡和常州三个城市，位于苏南地区，是长三角地区经济最发达、旅游业发展速度最快的区域。苏锡常地区以其独特的资源优势和强大的经济基础，已成为国内外游客争相选择的重要目的地，入境游客数量和规模在整个长三角地区也是较多的地区之一。近年来，随着城际高铁和城市之间交通网络的不断完善，每年吸引着大量的游客前来游览体验，同时，苏锡常地区的旅游投资力度也在不断加强，旅游发展势头迅猛，4A 及以上级景区在整个长三角地区占据比例大，高品质的旅游产品体验和丰富的旅游活动类型，使苏锡常地区成为江苏省乃至长三角地区最为重要的客源地和目的地。

长江三角洲地区目前是我国经济发展速度最快和旅游增长潜力较高的地区之一，区内人口密度高，交通网络密集，产业结构转型与升级能力强，既是旅游业发展的客源地，又是旅游持续提升的重要目的地。快速的经济发展极大地带动了地区的旅游消费，尤其是区内旅游交通网络体系不断完善，有力地推动了城镇居民的旅游活力与出游动力。互联网的快速发展与旅游对信息需求的多方面耦合作用，更是促进了本地区居民和外来游客对互联网技术的使用与依赖，为案例研究的有效开展与实施提供了绝佳的机会。因此，选取长三角地区为实证研究区具有很好的典型性与代表性。

3.1.2 范围界定

本书从时空尺度的视角出发，探讨入境游客流动网络结构的复杂特征及其演化模式，涉及三个不同的空间尺度：微观尺度以苏州城市内部为研究案例；中观尺度选择苏锡常地区为研究案例；宏观尺度选择长江三角洲地区为研究案例。其中，从微观到中观再到宏观尺度，苏州作为重要的节点，连接着不同尺度之间的关系。

微观尺度主要探讨苏州市内部不同景区之间的网络关系，通过建立景区间的网络关系，揭示入境游客在苏州市内部的流动过程与流动关系，将研究范围界定为苏州市辖的姑苏区、虎丘区、吴中区、相城区、吴江区和常熟市、昆山市范围内的51个景区。值得注意的是，本章中涉及的景区，属于宽泛意义上的景区，不仅是传统意义上的景区，同时也包含了历史街区、美食街、高校大学、火车站等非传统意义上的节点，目的是使入境游客的流动轨迹形成网络，避免一些节点成为孤立点。现实中入境游客也多次出现在非传统意义上的景区，满足入境游客吃住行、游娱购的多样化需求（见表3－1）。中观尺度的苏锡常地区，主要以苏州为核心，拓展到无锡和常州，旨在通过建立苏锡常地区城市内部所有景区的关系，揭示入境游客流动在苏锡常地区范围内的流动特征及流动关系，进而揭示苏州主要景区在整个苏锡常地区中的地位和作用。宏观尺度主要以长三角地区作为案例，重点探讨入境游客流动在长三角地区内景区间的流动特征及流动关系，以此判别和界定长三角地区范围内不同景区间的网络结构特征及其核心景点在不同网络中的地位和作用。通过对三个不同尺度的分析，为入境游客流动在多时空尺度下形成的网络及其变化方向提供客观依据。此外，需要说明的是，由于诸多大景区内部又包含了一些小景点，本章为了更为清晰地刻画入境游客的流动网络与行动轨迹特征，采用了GIS的空间化处理，将入境游客游览过程中涉及的所有景区（包括景区内的小景点）进行空间化处理，使之与入境游客的实际行为轨迹相吻合，以期为入境游客的网络结构特征分析提供依据。

表3－1　苏州市内部入境游客流动涉及的主要景区与节点

行政区划	节点名称
苏州	拙政园、留园、虎丘景区、周庄古镇、同里古镇、金鸡湖、东山景区、虞山尚湖景区、盘门景区、狮子林、网师园、西山景区、锦溪古镇、寒山寺、千灯古镇、七里山塘、平江历史街区、甪直古镇、石湖景区、震泽古镇、沙溪古镇、黎里古镇、西园、观前街、苏州博物馆、石路步行街、北寺塔、沧浪亭、定园、枫桥景区、苏州乐园、苏州中心、相门古城墙、苏州站、太湖旅游度假区、阳澄湖景区、苏州大学、穹窿山景区、光福景区、独墅湖、灵岩山景区、苏州工艺美术博物馆、沙家浜、十全街、南园、天平山景区、旺山、怡园、苏州公园、唐寅园、苏州北站

中观尺度选择苏锡常地区，主要包括了苏州、无锡、常州在内的95个旅游节点，除了苏州原有景区节点以外，增加了无锡和常州城市内部的一些景区（见表3-2）。无锡的主要景区包括灵山胜境、无锡影视城、太湖鼋头渚、蠡园、梅园、南禅寺、清名桥历史街区、蠡湖景区、拈花湾小镇、宜兴紫砂博物馆、宜兴竹海、锡惠公园、惠山古镇、南长街、梅里古镇、江南大学、无锡1912酒吧街、无锡高铁站等在内的26个景区，既包含了传统的旅游景区，也包括了住宿酒店、火车站、酒吧街等非景区节点，以此形成入境游客的游览路径。常州市内部景区主要包括中华恐龙园、春秋淹城旅游区、天目湖景区、常州天宁禅寺、青枫公园、红梅公园、金坛茅山景区、亚细亚影视城、雁荡河水利景区、西太湖揽月湾、东方盐湖城、环球动漫嬉戏谷、常州古运河、常州大学、常州火车站等在内的18个景区，构成了常州入境游客流动节点。

表3-2　苏锡常地区入境游客流动涉及的主要景区与节点

行政区划	景区名称
苏州	拙政园、留园、虎丘景区、周庄古镇、同里古镇、金鸡湖、东山景区、虞山尚湖景区、盘门景区、狮子林、网师园、西山景区、锦溪古镇、寒山寺、千灯古镇、七里山塘、平江历史街区、甪直古镇、石湖景区、震泽古镇、沙溪古镇、黎里古镇、西园、观前街、苏州博物馆、石路步行街、北寺塔、沧浪亭、定园、枫桥景区、苏州乐园、苏州中心、相门古城墙、苏州站、太湖旅游度假区、阳澄湖景区、苏州大学、穹窿山景区、光福景区、独墅湖、灵岩山景区、苏州工艺美术博物馆、沙家浜、十全街、南园、天平山景区、旺山、怡园、苏州公园、唐寅园、苏州北站
无锡	灵山胜境、无锡影视城、太湖鼋头渚、蠡园、梅园、南禅寺、清名桥历史街区、蠡湖景区、拈花湾小镇、薛福成故居、宜兴紫砂博物馆、宜兴竹海、锡惠公园、惠山古镇、南长街、梅里古镇、江南大学、无锡1912酒吧街、华西村、无锡高铁站、中国丝业博物馆、善卷洞景区、雪浪山景区、无锡古运河、江阴长江大桥、无锡火车站
常州	中华恐龙园、春秋淹城、天目湖景区、天宁禅寺、青枫公园、红梅公园、金坛茅山景区、亚细亚影视城、环球动漫嬉戏谷、常州梳篦博物馆、雁荡河水利景区、西太湖揽月湾、东方盐湖城、常州火车站、常州古运河、常州大学、中华曙猿遗址地质公园、常州高铁站

宏观尺度选择长三角地区，除了苏锡常三个城市原有景区与节点以外，增加了上海、南京、杭州、镇江、扬州、南通、泰州、宁波、湖州、嘉兴、绍兴、舟山、台州13个城市内部的景区与节点（见表3－3）。其中，上海城市内部的景区与节点最多，说明上海作为国际化大都市吸引外国游客的能力，包含东方明珠在内的60多个景区与节点；杭州作为浙江省的省会城市，在吸引入境游客的能力方面同样举足轻重，包括杭州西湖在内的50多个景区与节点；南京作为江苏省的省会城市，与上海相比，尽管存在一定的差距，但依然有夫子庙、钟山风景区、玄武湖、总统府、新街口等在内的50多个景区及节点；其余城市比如宁波、扬州、镇江、南通、湖州、嘉兴和舟山等，在吸引入境游客能力方面明显低于上海、杭州和南京，但也包括瘦西湖、三山风景区、狼山景区等在内的80多个景区与节点。同时，需要说明的是，考虑到网络构建受到最大值（255个节点）的限制，而长三角地区节点的数量较多，为了满足相关分析软件的要求，同时又能充分体现入境游客的流动过程和行为轨迹及节点间包含的主要信息，本章对于长三角地区的节点选择，主要考虑每个城市内部节点的数量多少，及每个城市内部节点流量的排序，综合对比最终得到长三角地区210个节点，这种选择结果排除了部分次要节点，但并不影响主要节点在整个长三角地区流动网络中的地位和作用（见表3－3）。从表中可知，上海选择了东方明珠、南京路步行街、城隍庙、陆家嘴等景区节点；南京选择了夫子庙、钟山风景区、总统府、新街口、鸡鸣寺、奥体中心等景区节点；杭州选择了西湖、灵隐寺、钱塘江大桥、宋城、京杭大运河等景区节点；苏锡常选择了拙政园、观前街、平江历史街区、周庄古镇、苏州大学、苏州中心、灵山胜境、太湖鼋头渚、惠山古镇、南禅寺、拈花湾小镇、中华恐龙园、春秋淹城、天目湖景区、天宁禅寺等景区节点；其他城市的景点包括江苏省的扬州、镇江、南通、泰州的36个景区节点，浙江省的宁波、湖州、嘉兴、绍兴、台州、舟山的47个景区节点。

表 3 – 3　　长三角地区入境游客流动涉及的主要景区与节点

行政区划	景区名称
上海	东方明珠、南京路步行街、城隍庙、迪士尼乐园、上海野生动物园、上海科技馆、豫园、世博园区、杜莎夫人蜡像馆、田子坊、上海海洋水族馆、金茂大厦、陆家嘴、复旦大学、欢乐谷、上海交通大学、上海博物馆、环球金融中心、上海中心大厦、同济大学、上海自然博物馆、牛家角古镇、徐家汇天主教堂、新天地、人民广场、淮海路商业街、1933 老场坊、M50 创意园、中华艺术宫、上海大剧院、上海鲜花港、泰晤士小镇、佘山国家旅游度假区、多伦路文化名人街、中共一大会址纪念馆、日月光广场、上海老街、上海影视乐园、衡山路酒吧街
江苏（南京、苏州、无锡、常州、镇江、扬州、泰州、南通）	夫子庙、钟山风景区、玄武湖、总统府、南京博物院、侵华日军南京大屠杀遇难同胞纪念馆、阅江楼、栖霞山、牛首山、雨花台、朝天宫、高淳老街、珍珠泉、汤山温泉度假区、红山动物园、老山国家森林公园、新街口、鸡鸣寺、莫愁湖、南京大学、南京长江大桥、先锋书店、1912 街区、奥体中心、明故宫遗址公园、江宁织造博物馆、六朝博物馆、南京师范大学、拙政园、留园、虎丘景区、周庄古镇、同里古镇、金鸡湖、狮子林、网师园、寒山寺、七里山塘、平江历史街区、观前街、苏州博物馆、苏州大学、苏州中心、太湖旅游度假区（苏州）、灵山胜境、无锡影视城、太湖鼋头渚、蠡园、南禅寺、清名桥历史街区、拈花湾小镇、惠山古镇、南长街、无锡 1912 酒吧街、中华恐龙园、春秋淹城、天目湖景区、天宁禅寺、红梅公园、环球动漫嬉戏谷、瘦西湖、大明寺、东关历史街区、个园、何园、扬州博物馆、凤凰岛生态旅游区、史可法纪念馆、扬州大学、扬州古运河、马可波罗花世界、三山景区、西津渡历史街区、宝华国家森林公园、茅山、镇江博物馆、江苏大学、中国醋文化博物馆、中国谜底书法公园、润扬大桥、溱湖湿地公园、凤城河景区、千岛菜花景区、溱潼古镇、泰州老街、华侨城水岸商业街、郑板桥故居、濠河景区、狼山景区、定慧禅寺、东大街、啬园、南通博物苑、苏通大桥、张謇文化旅游区
浙江（杭州、宁波、嘉兴、湖州、绍兴、台州、舟山）	西湖、灵隐寺、雷峰塔、河坊街、岳王庙、西溪湿地、六和塔、钱塘江大桥、宋城、千岛湖、西湖文化广场、湖滨国际名品街、武林广场、吴山景区、浙江大学、南宋御街、阿里巴巴公司、杭州动物园、湘湖旅游度假区、中国美术学院、杭州国际博览中心、大明山、天目山、浙西大峡谷、京杭大运河、胡雪岩故居、灵栖洞景区、长乔极地海洋公园、乌镇、西塘、南湖、海宁盐官观潮景区、云澜湾温泉、月河历史街区、嘉兴东湖、徐志摩故居、太湖旅游度假区（湖州）、莫干山、安吉大竹海、浙北大峡谷、仙女湖景区、安吉灵峰度假区、鲁迅故里、沈园、柯岩景区、穿岩十九峰、西施故里、会稽山、普陀山、枸杞岛、朱家尖、东极岛、桃花岛、舟山国际水产城、天一阁博物馆、溪口景区、月湖公园、象山影视城、老外滩、前童古镇、石铺渔港古城、罗蒙环球乐园、东钱湖度假区、浙东大峡谷、杭州湾国家湿地公园、神仙居、天台山、府城文化景区、温岭方山、赤城山

3.2 数据来源与数据处理

3.2.1 数据来源

数据是从事科学研究的重要基础，本着数据的可获得性、可靠性和稳定性的原则，本章的数据主要来自国外照片分享社区 Flickr 网站，Flickr 是目前世界上最好的线上照片管理和分享网站之一，网站上的用户几乎覆盖了所有的欧洲、北美等英语言国家。本章选取网站上坐标范围在中国长三角地区范围内的所有照片为基础数据来源，认为这部分照片是用户在游览中国长三角地区后留下的实时足迹信息，这些照片保留了大量的信息数据，主要包括用户 ID、照片 ID、用户所在的区域（国家）、照片拍摄时间、照片上传时间、照片拍摄地点（经度和纬度）、照片标题、照片描述、照片评论等。

本章获取数据的途径是在确定研究范围的基础上，应用 Python 编写脚本，通过 Flickr 的应用程序接口（API）爬取照片信息。因为采用该部分数据主要分析苏州城市内部、苏锡常地区和长三角地区入境游客的流动特征，因此，在爬取数据集信息的过程中，将用户国籍属性为中国及经纬坐标空白的照片删除，保留用户国籍为外国属性字样的数据集。

3.2.2 数据处理

利用 Flickr 网站中用户发布的地理标记照片信息作为数据来源，考虑到本书研究范围的多尺度特征，因此在数据爬取和数据处理时，需要对苏州、苏锡常、长三角地区三个不同尺度分别加以分析，主要通过以下两个步骤对地理标记照片数据进行提取与处理及运算。

第一步：数据获取。首先，登录 Flickr 网站，获取 Flickr 的 API key 及密码（见图 3－1）；其次，分别确定苏州、苏锡常和长三角地区的经纬度范围、爬取时间及爬取内容。整个数据的爬取时间分为两个时间节点：第一次爬取时间为 2018 年 5 月 1 日到 2018 年 5 月 7 日，爬取的数据包括 2010 年 1 月 1 日到 2018 年 4 月 30 日的所有数据；第二次爬取时间为 2019 年 1 月 5 日到 2019 年 1 月 10 日，包括 2018 年所有的数据。对两次爬取数据中重复的数据进行了合并处理，从而得到 2010 年 1 月 1 日到 2018 年 12 月 31 日之间的所有入境游客地理标记照片信息。与此同时，Flickr 网站上发布的每张照片元数据主要包括 23 项字段信息，由于本书主要探讨入境游客的流动网络特征及其流动的演化模式，因此，在提取和分析过程中，需要将有价值的数据信息加以提炼和归纳总结，提取的有用地理标记照片信息包括照片识别码（photoID）、用户识别码（ownerID）、用户昵称（ownername）、拍摄日期（datetaken）、标题（title）、经度（longitude）、纬度（latitude）、用户国籍（user location），之所以选择这些有价值的信息字段，主要是考虑到后续的研究需要对入境游客的流动轨迹及不同属性的游客进行分析，从中总结和发现入境游客在不同尺度下的节点偏好选择及不同属性对不同节点的选择，为多尺度研究区提供精准营销方案和针对不同国家的入境游客偏好提供理论依据。

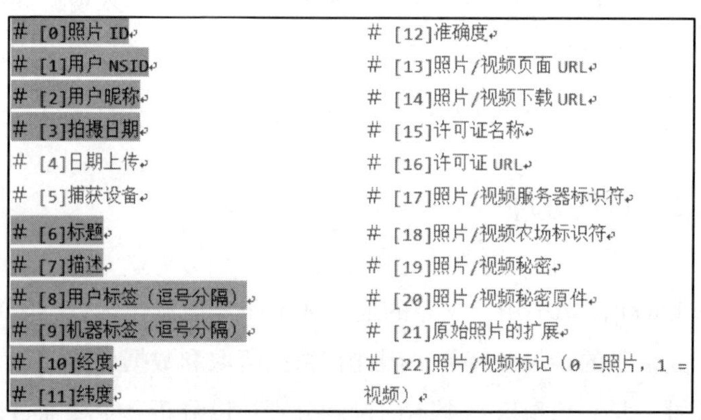
[0]照片 ID
[1]用户 NSID
[2]用户昵称
[3]拍摄日期
[4]日期上传
[5]捕获设备
[6]标题
[7]描述
[8]用户标签（逗号分隔）
[9]机器标签（逗号分隔）
[10]经度
[11]纬度
[12]准确度
[13]照片/视频页面 URL
[14]照片/视频下载 URL
[15]许可证名称
[16]许可证 URL
[17]照片/视频服务器标识符
[18]照片/视频农场标识符
[19]照片/视频秘密
[20]照片/视频秘密原件
[21]原始照片的扩展
[22]照片/视频标记（0 =照片，1 = 视频）

图 3－1　地理标识照片查询字段

第二步：数据清洗。首先，由于数据抓取时限定的经纬度范围呈现矩形，因此会有部分数据不属于研究范围内，需要将其剔除，将含有经纬度坐标信息的初始地理标记照片数据导入 ArcGIS，形成地理标记照片的点数据集，分别与苏州、苏锡常、长三角地区的行政区划矢量底图叠合，剔除未落入研究范围内的点数据，从而实现进行无效数据的初步清洗，并重新建立有效范围内的点的数据库。其次，将上述涉及的初步清洗后的数据导入 Excel，进行二次数据处理，考虑到研究对象局限于入境游客，因此在 userlocation 字段中剔除用户所属区域为中国的游客数据，然后对爬取的字段进行综合对比分析，依据 ownerID、datetaken、longitude、latitude 字段删除部分“重复数据”及“错误数据”，包括同一入境游客的多条记录中拍摄时间、经纬度完全相同的数据，及同一游客时间相同但经纬度不同的数据，这些数据为无效数据。最后，将提取后的经纬度坐标转译为具体地址，如图 3－2 中 userlocation 字段，根据拍摄照片的具体地址，识别并删除与旅游活动无关的地理标记照片，如住宅、医院、篮球场等字段。

A	B	C	D	E	F	G	H	I
photoID	picid	owner	title	datetaken	latitude	longitude	ownername	userlocat
10547866913	JZH10547866913	100004504@N08	El #arte florece en cua	2013-10-29 2:55:01	31.32472	120.62366	Brújula Viajer	unknown
9471221990	JZH9471221990	100039090@N07	20130804--水面倒影-2	2013-08-04 16:13:20	31.31035	120.668077	星小宇sz	unknown
9471226536	JZH9471226536	100039090@N07	20130804--水面倒影-1	2013-08-04 16:13:07	31.31035	120.668206	星小宇sz	unknown
9468435719	JZH9468435719	100039090@N07	20130805-金鸡湖夕阳	2013-08-05 18:33:52	31.30004	120.69477	星小宇sz	unknown
9474876509	JZH9474876509	100041395@N05		2013-01-01 0:00:00	31.2261	121.396238	獻世 & Extreme	unknown
9476583483	JZH9476583483	100052765@N05		2013-08-02 10:30:27	30.24137	120.110383	jvsun1179	unknown
9476601897	JZH9476601897	100052765@N05		2013-07-14 10:13:50	30.25388	120.134016	jvsun1179	unknown
9476634913	JZH9476634913	100052765@N05		2013-07-07 14:30:35	30.30134	120.13848	jvsun1179	unknown
9476653903	JZH9476653903	100052765@N05		2013-05-26 12:22:34	30.12369	120.212769	jvsun1179	unknown
9479338492	JZH9479338492	100052765@N05		2013-08-02 11:09:42	30.24116	120.110588	jvsun1179	unknown
9479358280	JZH9479358280	100052765@N05		2013-08-02 10:36:16	30.24134	120.110388	jvsun1179	unknown
9479383084	JZH9479383084	100052765@N05		2013-07-14 10:13:54	30.25388	120.134025	jvsun1179	unknown
9479404014	JZH9479404014	100052765@N05		2013-07-14 9:24:25	30.2215	120.111947	jvsun1179	unknown
9479437660	JZH9479437660	100052765@N05		2013-05-26 13:33:56	30.12368	120.212769	jvsun1179	unknown
9474659579	JZH9474659579	100058713@N03	浙江	2013-08-09 21:21:50	30.51059	120.944323	查某桑	unknown
9508653182	JZH9508653182	100070697@N08	Monkey USB	2013-08-02 21:00:56	32.07686	118.814413	Aiming Shen	unknown
9508439372	JZH9508439372	100070697@N08	The big tripod, Southea	2013-08-11 16:53:33	32.05429	118.794779	Aiming Shen	unknown
9505642213	JZH9505642213	100070697@N08	Taichi, Southeast Unive	2013-08-13 7:32:32	32.05413	118.794758	Aiming Shen	unknown
9482142077	JZH9482142077	100100639@N07		2013-08-09 22:46:49	31.23528	121.5121	analobato	unknown
10468623785	JZH10468623785	100130958@N03	Trafik	2013-10-12 8:18:31	30.30937	120.119422	Tim Z.	unknown
9505011941	JZH9505011941	100130958@N03	Vores gade i Shanghai	2013-08-06 20:16:00	31.24262	121.487063	Tim Z.	unknown
9505019829	JZH9505019829	100130958@N03	Yu Garden II	2013-08-05 11:00:26	31.22732	121.492105	Tim Z.	unknown
9505035363	JZH9505035363	100130958@N03	Birk og Astrid i en for	2013-08-03 16:30:56	31.23244	121.472707	Tim Z.	unknown
9505041807	JZH9505041807	100130958@N03	Birk og Astrid ved The	2013-08-02 17:49:45	31.24365	121.487964	Tim Z.	unknown
9505047427	JZH9505047427	100130958@N03	Photosession med Birk	2013-08-02 17:48:33	31.24354	121.488243	Tim Z.	unknown
9505051499	JZH9505051499	100130958@N03	Lidt skyline fra Shangh	2013-08-02 17:47:56	31.24396	121.491215	Tim Z.	unknown
9505279121	JZH9505279121	100130958@N03	Bro ved West Lake	2013-08-09 14:36:53	30.24774	120.160657	Tim Z.	unknown
9507237833	JZH9507237833	100130958@N03	Birk fjoller II	2013-08-11 14:00:36	30.25046	120.164022	Tim Z.	unknown
9507809826	JZH9507809826	100130958@N03	Tibetansk maske	2013-08-06 13:33:47	31.22849	121.475347	Tim Z.	unknown
9507819532	JZH9507819532	100130958@N03	Glad dreng	2013-08-04 11:29:57	31.24265	121.487127	Tim Z.	unknown

图 3－2　地理标识照片挖掘结果

在数据清洗的基础上，利用 Python 语言编写代码（见图 3－3），并结合人工判别和解译，对上述可能出现的问题进行设计和删除操作，不断重复这一过程，直到所获取的数据达到预期目标，从而提升数据获取的精度和准确度，并对这些数据建立相应的数据库，为后续入境游客的多时空尺度网络结构及其演化过程和模式体系构建提供精确的数据来源。经过上述数据分析与数据清洗，获得 2010 年 1 月 1 日到 2018 年 12 月 31 日苏州 1949 名入境游客的 72128 条有效记录、苏锡常地区 2986 名入境游客的 113482 条有效记录、长三角地区 5236 名入境游客的 213652 条有效记录。这些数据为下文分别进行苏州、苏锡常地区及长三角地区的入境游客流动的多时空尺度特征及其演化模式的提炼提供了基础数据支撑。

```
sys.setdefaultencoding('utf8')

api_key = "bd54103390fcc00bed1d1e714991b86c"
api_secret = "d7626f5d1a605daa"
flickr=flickrapi.FlickrAPI(api_key,api_secret,cache=True)

user_loc = {}

headers = ['id', 'owner', 'title', 'datetaken', 'latitude', 'longitude', 'ownername', 'userlocation']

pid_set = set()

def getUserLocation(uid):
    location = user_loc.get(uid)
    if None != location:
        return location;
    try:
        user = flickr.people.getInfo(user_id=uid)
        loc = user.find('.//location')
        location = loc.text if None != loc and None != loc.text else "unknown"
        user_loc[uid] = location
        return location
    except Exception as e:
        logging.error('get user={} location error {}'.format(uid, e.message))
        return 'unknown'


def getPhotos(start_date, end_date, writer):
    try:
        photos=flickr.walk(per_page=250, sort='date-taken-asc', min_taken_date=start_date, max_taken_date=end_date, bbox='120.51,30.40,122.12,31.53',
    except Exception as e:
```

图 3－3　地理标识照片挖掘代码

3.2.3　数据运算

数据获取和数据处理是科学研究的重要基础，对于分析和揭示研究对象的客观规律和变化过程至关重要。因此，结合上述数据获取和数据处理过程，进一步对每个游客的照片进行时间排序，以此得到每个游客的行为轨迹（见图 3－4），尤其是对于游客一天在不同地方拍摄的照片，需要根据时间的先后顺序组成当天的游客流动轨迹，为后续研究中涉及的时间尺度和游客轨迹距离约束的分析提供重要依据。同时，在获得每个游客流动轨迹的基础上，计算每条流动轨迹的距离，距离远近通常是由游览节点间的实际距离决定。但由于本书不仅涉及时间尺度，还涉及空间尺度的分析，不同空间尺度下的距离约束就变得格外重要。相对较小的空间尺度（苏州和苏锡常地区），由于节点间的紧密程度较高且范围较小，节点间的实际距离约束能够保留绝大多数重要节点的有效信息，对于分析和揭示流动网络中节点的关系大有裨益。而对于相对较大的空间尺度（长三角地区），节点间的实际距离约束尽管能够保留重要的节点信息，但对于跨区域分析带来不利，相对较大尺度的城市间的距离本身就较远，城市内部所属的节点将会随着城市间距离的增大而增大，这容易导致分布在不同城市内部的核心节点的消失，从而无法有效判别区域旅游网络中节点的地位和角色。因此，不同空间尺度下对距离约束的选择和判定，成为空间多尺度分析中极其重要的环节。本书对于苏州和苏锡常地区采用了节点间实际距离进行约束，对于长三角地区则采用了入境游客轨迹距离进行条件约束，以此分析和揭示不同距离约束下的游客流动过程及流动规律，这部分内容在本书的第 5 章中提供了详细的分析和说明，在这里不再阐述。

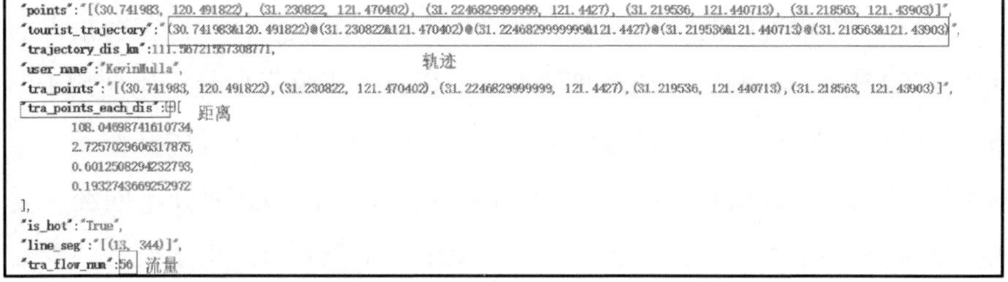

```
"attraction_trajectory":"嘉兴市@浙江省@黄浦区@上海市@静安区@上海市@静安区@上海市@黄浦区@上海市",
"city_trajectory":"嘉兴市@黄浦区@静安区@静安区@黄浦区",
"day":"2018-05-20",时间
"pic_trajectory":"27497657967@27497591977@41644280134@28493772528@41644271994",
"points":"[(30.741983, 120.491822), (31.230822, 121.470402), (31.2246829999999, 121.4427), (31.219536, 121.440713), (31.218563, 121.43903)]",
"tourist_trajectory":"(30.741983&120.491822)@(31.230822&121.470402)@(31.2246829999999&121.4427)@(31.219536&121.440713)@(31.218563&121.43903)",
"trajectory_dis_km":111.56721557308771,
                                        轨迹
"user_name":"KevinMulla",
"tra_points":"[(30.741983, 120.491822),(31.230822, 121.470402),(31.2246829999999, 121.4427),(31.219536, 121.440713),(31.218563, 121.43903)]",
"tra_points_each_dis":⊞[  距离
        108.04698741610734,
        2.7257029606317875,
        0.6012508294232793,
        0.1932743669252972
],
"is_hot":"True",
"line_seg":"[(13, 344)]",
"tra_flow_num":56 流量
```

图 3－4　不同时间的游客轨迹、节点距离及流量挖掘代码

```
def plot_line(csv_path,shp_name):
    polys = [] # list to hold polygon geometry
    with open(csv_path, 'r')  as csvFile: # open csv file
        csvFile.readline() # skip header
        csvReader = csv.reader(csvFile) # create csv reader
        polyPoints = arcpy.Array() # array to hold points
        for row in csvReader: # read csv
            polyPoints.append(arcpy.Point(row[5],row[4])) # create point and add to array
        polys.append(arcpy.Polyline(polyPoints,arcpy.SpatialReference(4326))) # create Polyline and add to list
    arcpy.CopyFeatures_management(polys, r'C:\Users\cheng\Documents\ArcGIS\{}_line'.format(shp_name)) # write out polygons
    arcpy.MakeXYEventLayer_management(csv_path, "long", "lat", shp_name+"_point")

def get_distance(lat1 = 52.2296756,lon1 = 21.0122287,lat2 = 52.406374,lon2 = 16.9251681):
    """计算WGS 84 坐标系的点与点之间的距离（公里）
    lat1:坐标点1维度
    long1:坐标点1经度
    lat2:坐标点2维度
    long2:坐标点1经度"""
    return geopy.distance.vincenty((lat1,lon1), (lat2,lon2)).km

def get_trajectory(user_name,df):
    """获取同一个游客的轨迹"""
    res = []
    df_tmp = df[df.ownername == user_name].sort_values(by="datetaken")
#     print(df_tmp)
#     return
    df_tmp['day'] = df_tmp['datetaken'].apply(lambda x:x.split()[0])
    df_tmp['minute'] = df_tmp['datetaken'].apply(lambda x:x.split()[1])

    one_day = pd.unique(df_tmp['day'])
    for day in one_day:
        tmp = df_tmp[df_tmp.day == day].sort_values(by="minute") #根据时间排序
        tourist_trajectory = ""
        pic_trajectory = ""
        city_trajectory = ""
        attraction_trajectory = ""
        for index in tmp.index:
            latitude = tmp.loc[index,"latitude"]
            longitude = tmp.loc[index,"longitude"]
            pic_id = tmp.loc[index,"id"]
            city =  tmp.loc[index,"city"]
            attr = tmp.loc[index,"attractions"]
            if index == tmp.index.tolist()[-1]:
                tourist_trajectory += "({}&{})".format(latitude,longitude)
                pic_trajectory += "{}".format(pic_id)
                city_trajectory += "{}".format(city)
                attraction_trajectory += "{}".format(attr)
            else:
                tourist_trajectory += "({}&{})@".format(latitude,longitude)
                pic_trajectory += "{}@".format(pic_id)
                city_trajectory += "{}@".format(city)
                attraction_trajectory += "{}@".format(attr)
        res.append((user_name,day,tourist_trajectory,pic_trajectory,city_trajectory,attraction_trajectory))
    return res

def dbscan(tra_points):
    """对点集合进行聚类"""
    y_pred = DBSCAN(eps = 0.005, min_samples = 1).fit_predict(tra_points)
    return y_pred
```

图3－5　根据时间排序地理标记照片聚类算法

此外，需要说明的是，由于一些照片所在的景点一样，但游客拍摄的角度可能不同，导致具体经纬度可能不一样，对于这类照片，则使用DBSCAN算法（见图3－5）进行聚类分析（DBSCAN算法的具体操作和步骤见第4章），尽可能将相同景点的照片聚为一类，比如玄武湖不同经纬度的照片赋予一个类别A，紫金山的照片赋予一个类别B（由于设置的参数不同，并不是所有的玄武湖照片都会归为A类，但是在玄武湖景区核心地区附近的都会归为A类），以此计算景区节点的流量，即假设游客从A到B一次，流量为1，有N个游客从A到B，流量则为N，在对于这一过程的分析和处理中，也会相应得到具体照片的准确要素值。基于以上分析，在轨迹距离和节点流量都可得到的情况下，就可以对游客的轨迹数据进行时间、距离和流量的约束和解析，从而为入境游客流动网络的多时空尺度特征分析奠定重要依据。整个数据运算是在Python语言下进行的，为数据的快速处理和稳定性提供了重要保障。

3.3 网络构建思路与方法

3.3.1 网络构建过程

对样本网站中的有效数据信息进行爬取和归纳总结，将符合条件的数据信息进行保留并建设数据库，以此提取入境游客游览不同景区的流动过程和轨迹，同时将文本数据转化为符合分析需求的数据格式。同时，在归纳和总结游客流动轨迹及节点的基础上，按照游览行程的先后顺序，将游客每天的实际游览路线拆分为有向的“景区—景区”间的节点对，将每条入境游客在不同节点的流动关系进行“0－1”矩阵处理，构建二值化的关系矩阵（见图3－6）。具体方法如下：假设某条游览路径为“A—B—C—D—E—F”，如果两个景点间存在直接联系，即入境游客连续在两个景点进行地理标识照片的记录，则赋值为“1”，如果两个景点间没有发生直接的联系，即入境游客没有连续在两个景点间进行地理标识照片的记录，而是游览到其他景点进行的记录，则赋值为“0”。需要说明的是，如果入境游客记录的景区不属于研究区的范围，则这样的景区景点不进行处理。

	A	B	C	D	E	F
A	0	1	0	0	0	0
B	0	0	1	0	0	0
C	0	0	0	1	0	0
D	0	0	0	0	1	0
E	0	0	0	0	0	1
F	0	0	0	0	0	0

图 3－6　单个游客游览路径矩阵

利用编程算法对游客的每一条游览路径进行二值化处理，并将每条游览路径所形成的关系矩阵进行叠加分析，重复这一过程，最终构建了研究区范围内所有景区间的游览路径的原始矩阵图。同时，需要说明的是，本书涉及的所有游客信息来源于网络，真实地记录着入境游客的相关属性信息，由于这些游客属于国外旅游者，对于中国景区的了解和熟悉程度难免存在差异，因此可能对于同一个景区名称做出不一致的记录，比如苏州的拙政园和拙政园景区、平江路和平江路历史街区、无锡的灵山胜境和灵山大佛、常州的中华恐龙园和常州恐龙园等，这些记录的景区名称不同，但实质上是同一个景区，在数据的处理时需求进行关系映射。此外，考虑到外国游客在一个相对较大的景区内往往会连续多次拍摄照片，如无锡的灵山大佛、九龙灌浴、灵山精舍、灵山大门等，这些具体景点同属于灵山胜境，类似的情况归纳为同一个景区处理，因此也相应地设计了关系映射语言，便于数据信息的有效统一。但对其进行空间化表达时，为了精确地判定入境游客的轨迹和路径，进行了多节点的表达和呈现，以期发现入境游客的流动特征和流动规律。因此，本章结合入境游客的浏览节点，以存在直接联系的两个节点形成关系路径，每一次游览记录分别赋值为 1，次数越多，数值越大，经过反复运算和叠加，最终建立了入境游客景区间浏览路径的原始矩阵（见图 3－7），为构建真实网络奠定了科学依据。

	A	B	C	D	E	F	G	H	I	J	K	L	M	N
A	0	125	3	3	4	7	0	0	66	2	18	2	5	2
B	87	0	3	1	1	2	55	0	38	0	43	1	0	3
C	5	1	0	68	2	3	4	23	0	22	0	1	0	0
D	21	1	90	0	0	3	63	79	11	0	55	0	1	1
E	22	33	1	129	0	1	76	112	5	0	0	2	1	2
F	46	0	2	54	1	0	45	63	12	1	2	1	0	2
G	0	37	28	1	0	1	0	58	0	0	0	0	1	0
H	0	22	0	0	0	0	48	23	16	0	0	1	0	0
I	0	0	33	0	0	1	0	0	0	73	0	0	0	0
J	1	0	1	0	1	1	63	0	33	0	0	1	0	0
K	2	0	26	112	0	0	54	68	0	0	0	1	0	0
L	4	1	63	37	2	0	26	43	0	37	36	0	0	1
M	3	0	1	121	0	2	32	55	0	0	53	0	0	1
N	4	1	32	0	0	0	0	22	0	0	49	2	0	0
O	0	0	1	1	0	0	31	46	0	22	0	0	0	1
P	1	0	0	0	2	0	56	37	0	0	0	0	0	1
Q	2	1	3	0	0	2	36	0	0	0	0	1	0	0
R	0	0	0	0	0	0	0	0	0	0	0	0	0	0
S	4	2	1	0	2	2	0	0	0	0	1	0	0	0
T	4	1	2	0	3	5	0	0	0	0	1	2	2	2

图 3 –7　景区间游览路径原始赋值矩阵示意图

3.3.2　网络构建结果

对于上述构建的节点间关系矩阵，将原始赋值导入 UCINET 软件，利用 Netdraw 软件绘制出入境游客流动的网络关系图，为了更为清晰地表达和体现入境游客流动特征及节点的关系，需要对网络阈值 GE（Great Than or Equal）进行分析和优化。由于涉及 2010 年到 2018 年的数据，随着时间的推移，网络的复杂化程度逐步加深，为了更清晰地理清相对复杂网络的构建过程，本章在网络构建过程中选择 2018 年的相关数据进行剖析，其他年份的相关网络在构建过程中采取相同的思路和方法，本章中不再过多地阐述和表达。对苏州、苏锡常地区和长三角地区分别赋予不同的阈值。根据不同的阈值呈现的网络关系及网络节点，择优选择的方式是：复杂的网络关系能够涵盖 70% 以上的节点，且不同节点的主次关系清晰，既能保证网络的相对完整性，同时又能较好地体现出节点的联系程度，说明该旅游网络能够表征主要节点的内在关系，阈值的选择则为最佳。对于苏州、苏锡常地区和长三角地区三个不同尺度的流动网络分别进行构建和阈值的最优选取，分析结果如图 3 – 8 ~ 图 3 – 21 所示。通过不同尺度下的网络构建可以发现，节点在不同的流动网络中起到的作用和扮演的角色是存在差异的，且这种差异随着流动网络的复杂程度而变化，节点的紧密联系程度在不同的子网络中表现突出，可能是某个小尺度下的核心节点，但也可能是更大尺度下的一般节点，这就决定了流动节点的分析往往需要在流动网络的尺度下才能进行分析，离开了尺度的分析和约束，节点作为连接网络的重要纽带的价值和作用也随之发生改变。

流动网络阈值的选择不同，对应网络的复杂关系及其节点的联系程度会表现出较大差异。对于苏州市内部景区间入境游客流动网络而言（见图 3 - 8 ~ 图 3 - 12），当阈值 GE = 1 时，网络是最为完整的，节点间的联系程度最为复杂；当阈值 GE = 10 时，网络中存在联系的节点并没有明显减少，只是个别景区在网络中的关系被解除，网络依然完整，节点之间的联系程度有所下降；当阈值 GE = 20 时，网络中的 51 个节点仅剩下拙政园、留园、寒山寺、盘门景区、虎丘景区、网师园、石路步行街、阳澄湖景区、苏州中心（东方之门）、周庄古镇、观前街、七里山塘、金鸡湖、苏州博物馆、独墅湖、苏州乐园、同里古镇 17 个节点还存在明显的联系，其他相对重要的节点被解除，不能较好地反映网络的关系及其重要节点的联系程度；当 GE = 50 时，网络中的节点剩下的很少，主要节点关系几乎完全被忽略，无法反映出节点间的内在联系；当 GE = 100 时，仅存的节点为拙政园、留园、狮子林、苏州博物馆、虎丘景区、金鸡湖、平江历史街区、七里山塘，此时的网络节点大多数已经失去联系，不符合阈值选择要求。因此，选择阈值为 10 的最优方案进行二值化分析，此时的网络节点占据总节点的 73.26%，符合最优选择原则和标准，既能综合反映绝大多数入境游客的游览路径及对景区的偏好，又能简化网络关系，较好地体现了入境游客流动网络的整体特征，符合最优选择条件。

对于苏锡常地区而言（见图 3 - 13 ~ 图 3 - 16），当阈值 GE = 1 时，网络是完整的，但节点间的关系复杂；当阈值 GE = 10 时，个别节点在网络关系中被解除，但整体网络依然完整；当阈值 GE = 20 时，网络中 95 个节点仅剩下拙政园、苏州博物馆、观前街、虎丘景区、金鸡湖、周庄古镇、苏州中心（东方之门）、锡惠公园、寒山寺、青枫公园、南禅寺、留园、狮子林、盘门景区、独墅湖、平江历史街区、七里山塘、太湖鼋头渚、灵山胜境、清名桥历史街区、惠山古镇、石路步行街、无锡影视城、环球动漫嬉戏谷、中华恐龙园、天目湖景区、蠡园、春秋淹城28个节点，这些节点在各自的区域内属于重要节点，但绝大多数次要节点及主次节点的关系已经被忽略和解除，无法真实地刻画出网络关系及其节点的联系程度；当阈值GE=50时，网络节点所剩无几，苏州内的拙政园、观前街、苏州博物馆、盘门景区、留园、狮子林、平江历史街区、七里山塘、同里古镇、周庄古镇、苏州中心（东方之门）、金鸡湖存在联系，其余节点关系基本被忽略；无锡市内仅存在灵山胜境、太湖鼋头渚、无锡影视城三个节点存在联系；常州市内只有中华恐龙园和春秋淹城存在联系，整个网络不符合阈值选择要求。因此，根据阈值最优选择方式，采用阈值为10进行二值化处理，此时的网络节点占据总节点的75.63%，符合阈值选择标准和要求，以此构建苏锡常地区入境游客流动网络。

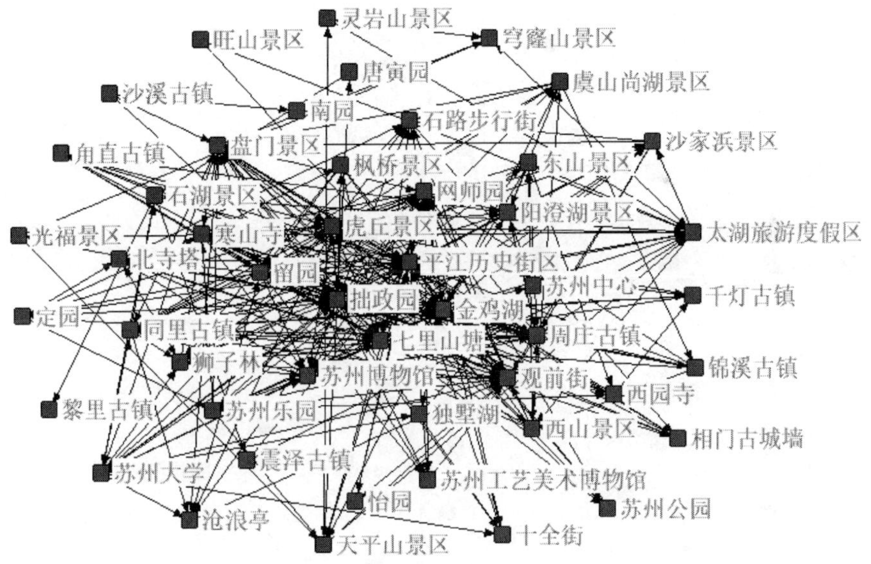

图3-8　苏州内部景区间入境游客流动网络（GE=1）

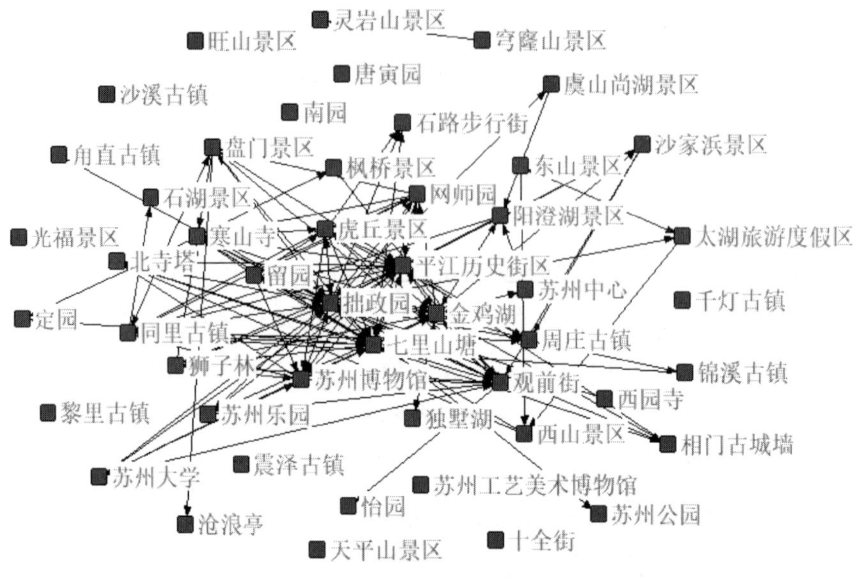

图 3－9　苏州内部景区间入境游客流动网络（GE＝10）

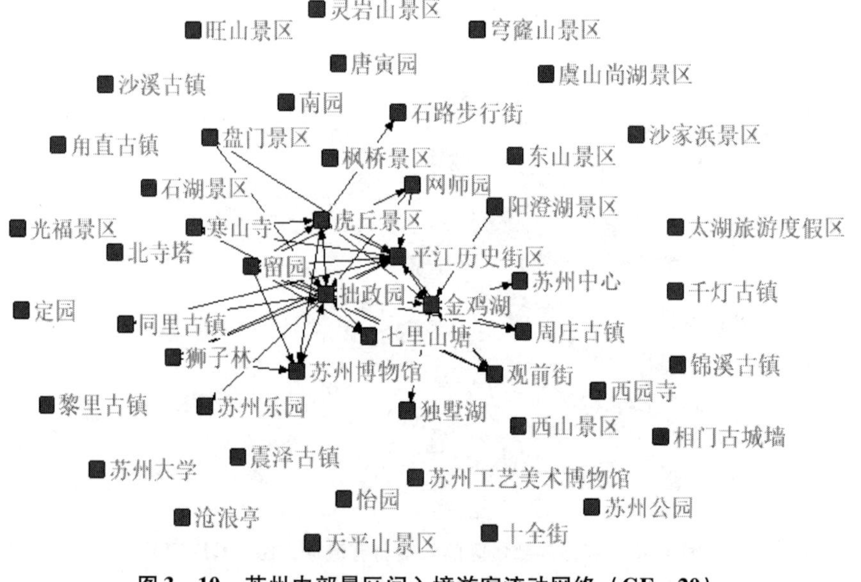

图 3－10　苏州内部景区间入境游客流动网络（GE＝20）

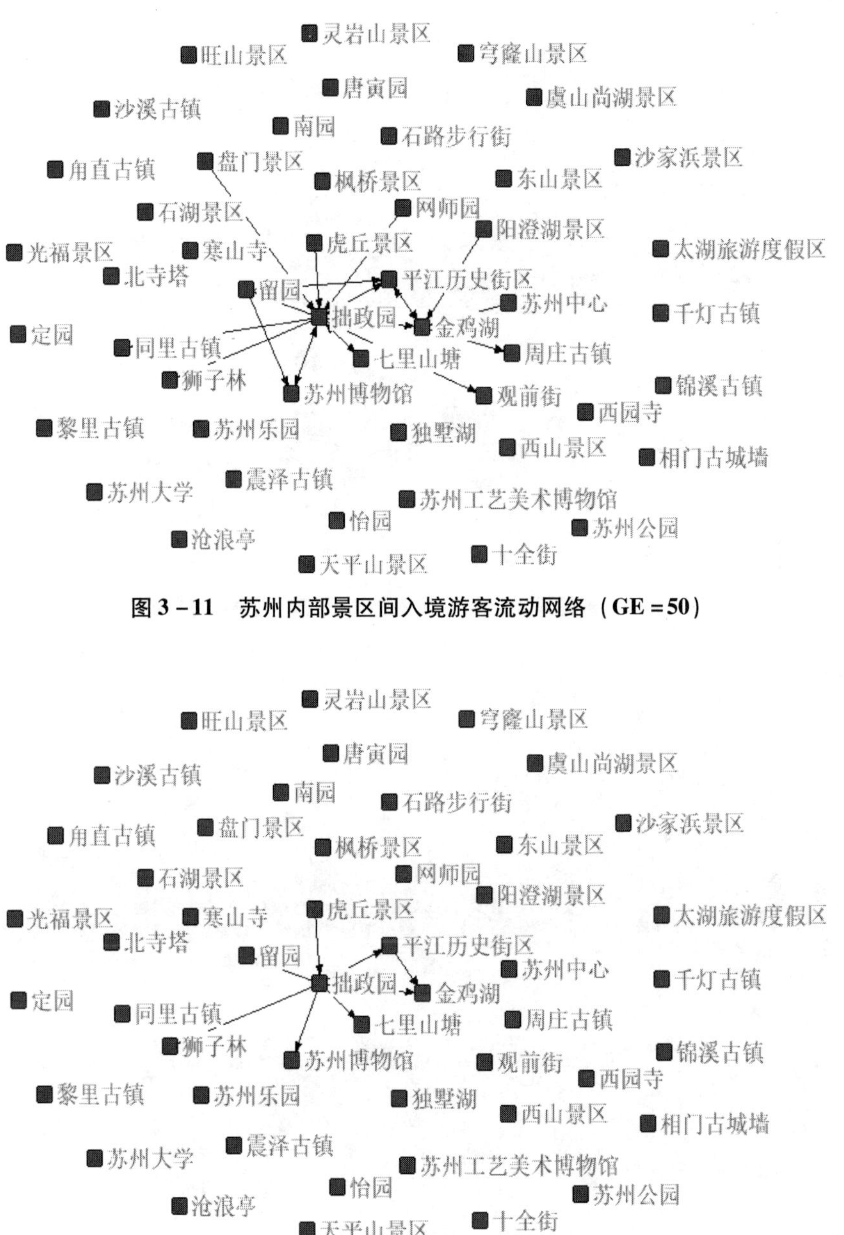

图 3－11　苏州内部景区间入境游客流动网络（GE＝50）

图 3－12　苏州内部景区间入境游客流动网络（GE＝100）

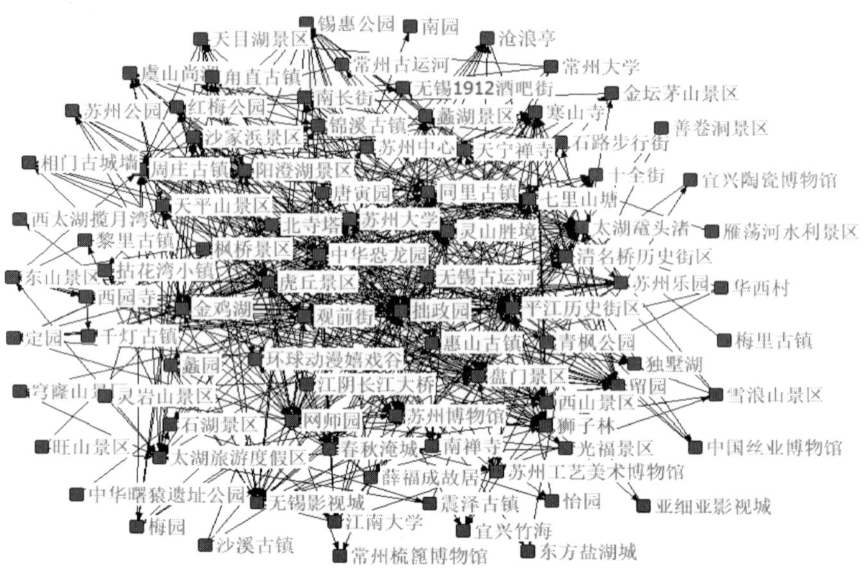

图3－13　苏锡常地区景区间入境游客流动网络（GE＝1）

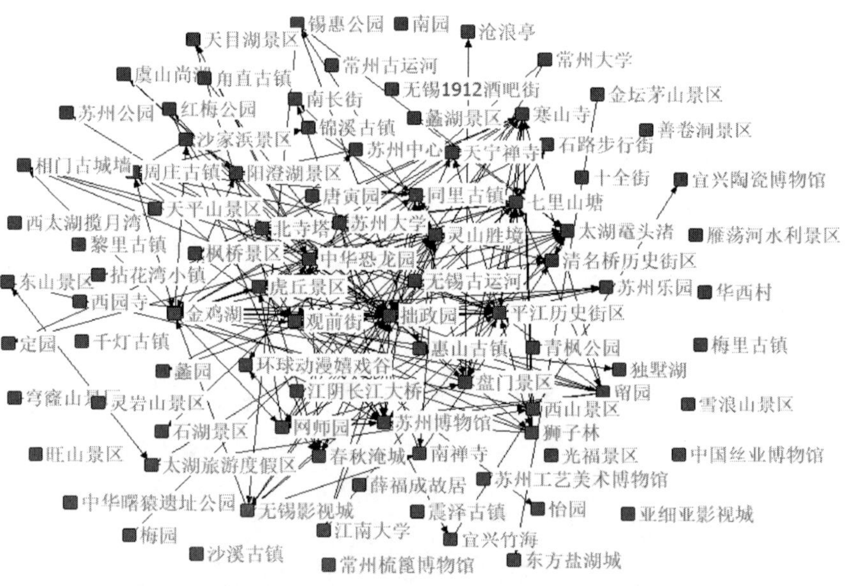

图3－14　苏锡常地区景区间入境游客流动网络（GE＝10）

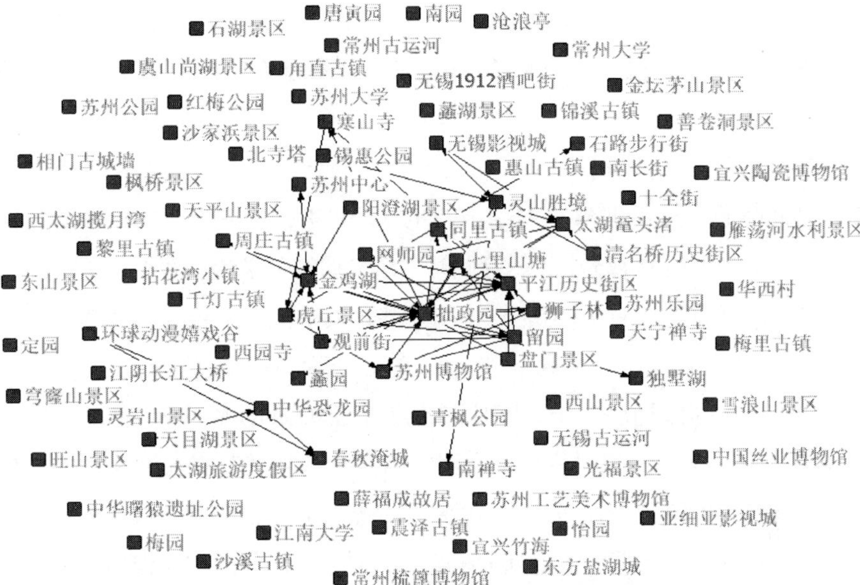

图 3-15 苏锡常地区景区间入境游客流动网络（GE=20）

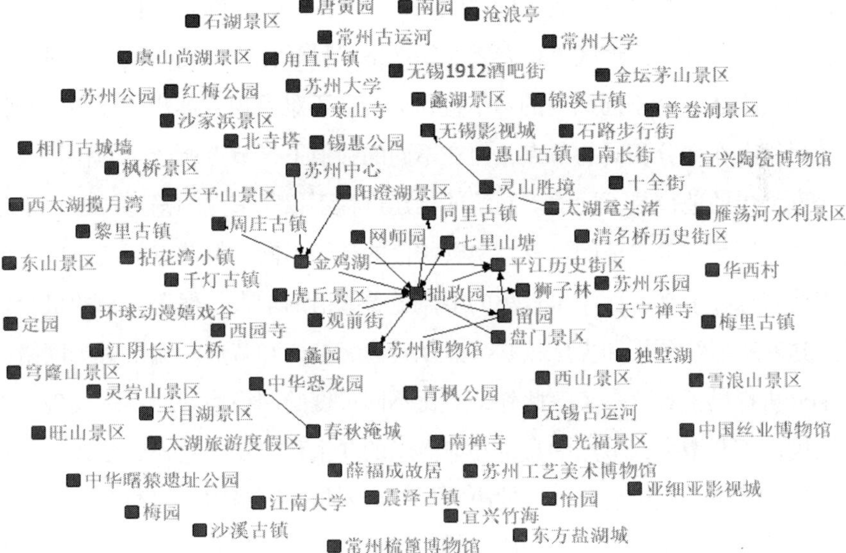

图 3-16 苏锡常地区景区间入境游客流动网络（GE=50）

长三角地区的分析结果如图 3 - 17 ~ 图 3 - 21 所示，整体思路与苏州及苏锡常地区相同。当阈值 GE = 1 时，网络是完整的，但节点间的关系同样表现最为复杂；当阈值 GE = 10 时，个别节点在网络关系中被解除，但整体网络依然完整，对于分析和揭示网络特征及节点的关系具有作用，且此时的节点占据整个网络节点的 72.68%；当阈值 GE = 20 时，网络中 210 个节点剩下 123 个，尽管此时主次节点的关系依然存在，但节点占据流动网络所有节点的 58.57%，说明一些重要节点此时已经被忽略；当阈值 GE = 50 时，网络节点仅剩下 73 个，占比为 34.76%，不能反映流动网络的综合特征；当阈值 GE = 100 时，节点存在关系的剩下 36 个，占比为 17.14%，这一分析结果对研究整个网络的复杂特征及节点在网络中的地位已不具备参考价值：一方面，网络已经不完整，有效信息基本被忽略；另一方面，节点的主次关系无法得到清晰表达，对于节点的地位和作用及不同节点的联系程度已无法判别，剩下的节点主要集中分布在上海、杭州、南京和苏州，其他城市的主要节点所剩无几。因此，采用阈值为 10 进行二值化处理，此时节点占据总节点数量的 72.68%，能够较好地覆盖所有网络呈现的结构信息，为长三角地区入境游客流动网络的科学化构建提供重要依据。

纵观上述三个不同尺度的网络构建分析，不难发现，苏州、苏锡常和长三角尽管存在部分相同的节点，但在不同的阈值下，节点所产生的作用及在整个网络中的地位是不同的。网络的构建过程不仅是节点的筛选过程，也是主次节点联系程度验证的过程，尽管阈值的选择不同，但节点间流量较大的依然能够保存下来，而流量较小的节点随着阈值的增大，保存下来的机会较小，这对于后续分析和提炼核心节点及其边缘结构和节点间流量对于网络的影响分析提供了重要参考。此外，对比不同尺度的网络构建，不难发现，随着尺度的不断增大，节点的数量和节点间的联系程度变得越来越复杂，节点的主次关系也会发生变化，这就决定了节点要想在网络中占据绝对的核心位置，就需要不断提升节点的功能和扮演的角色，即使同属于一个级别的节点，发挥的作用和价值及与其他节点的联系程度也存在很大差异，这对于分析和理清节点的重要程度及其在网络中的地位提供了重要依据。

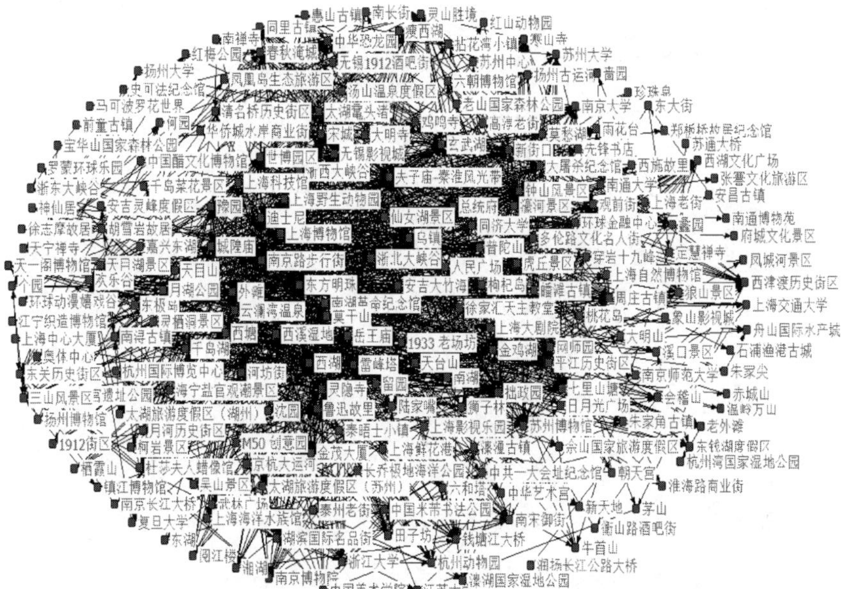

图 3－17　长三角地区景区间入境游客流动网络（GE＝1）

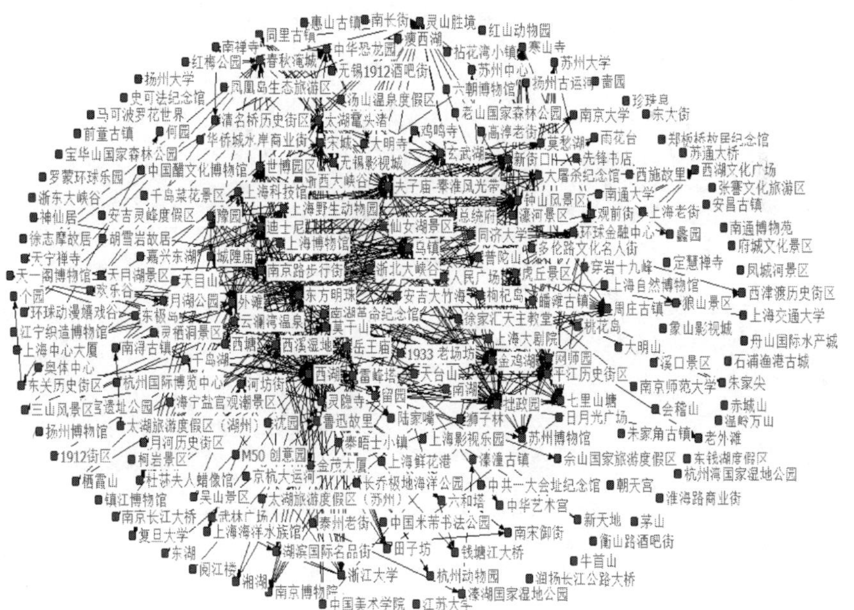

图 3－18　长三角地区景区间入境游客流动网络（GE＝10）

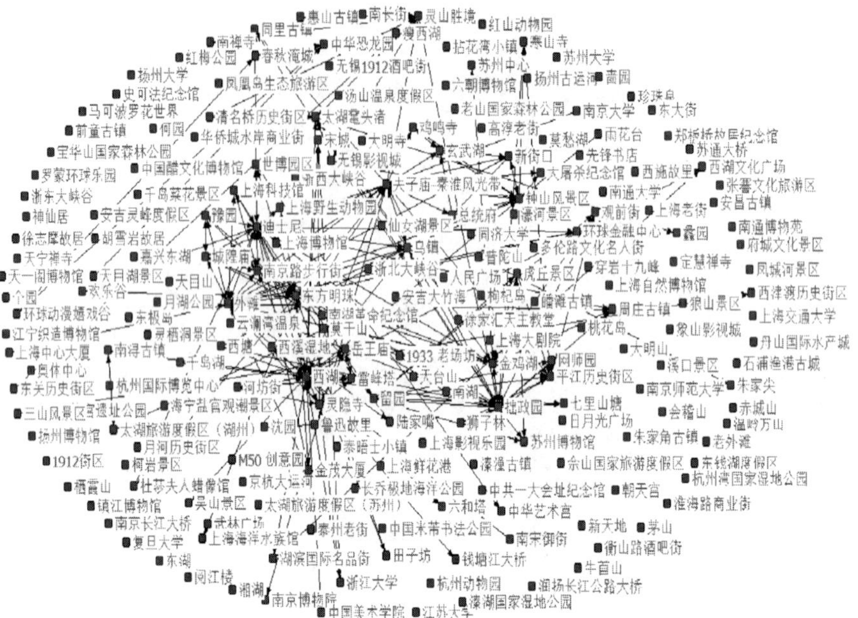

图 3-19　长三角地区景区间入境游客流动网络（GE=20）

图 3-20　长三角地区景区间入境游客流动网络（GE=50）

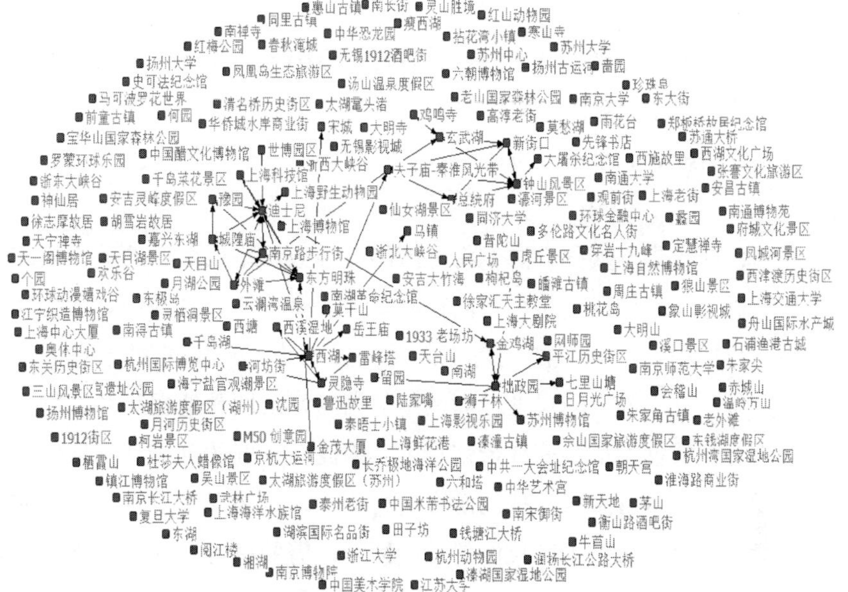

图 3 - 21　长三角地区景区间入境游客流动网络（GE = 100）

3.4　本 章 小 结

本章从微观尺度、中观尺度和宏观尺度三个空间尺度对研究范围、数据来源和网络构建加以分析和表达。地理标记照片不仅可以记录入境游客在空间上的具体位置，而且也可以记录入境游客流动的轨迹，根据这些轨迹，不同节点之间形成有效连接，在空间上就形成了不同节点的流动网络。通过构建不同尺度的游客流动网络及路径，对于分析和提炼不同尺度下的入境游客对节点的选择提供了重要的参考和依据。本章通过对苏州市内部景区、苏锡常地区及长三角地区的游客地理标记照片进行数据爬取和挖掘分析，对于分析和厘清入境游客对不同类型景区的偏好和路径选择提供了清晰的思路。同时，本章的重点是对不同尺度下的入境游客流动网络的构建过程，具体过程为，对样本网站上符合要求的入境游客数据进行提取后，将文本数据转化为符合软件分析的数据格式，建立符合游客路径的关系矩阵，并根据分析软件的要求，将每一条游客路径进行重新梳理并转换为表征流动关系的矩阵，将游览路径转换为关系矩阵的目的就是方便网络分析和网络构建，能够更加清晰地判断和识别某一个游客的真实流动轨迹。

此外，结合脚本编程方法，将不同的游客流动路径形成的关系矩阵进行叠加分析，最终构建出符合不同尺度研究区要求的关系网络。在构建的过程中，数据的处理和清洗变得格外重要，考虑到研究的对象是入境游客，又具备三个不同空间尺度，而网络数据的复杂性及地理行政区划的矩阵提取为有效数据的最终获取带来难度，因此在数据的分析和提取时，需要将字段信息中带有中国字样的游客进行删除，以确保入境游客的真实性和完整性。同时，对于不同尺度的行政区划，需要将落入的点数据与行政区划叠加分析，从而提取研究区范围的有效数据。此外，对于最终构建的流动网络，需要说明的是，这种关系网络仅仅是某一个尺度下不同节点的起始点标识，反映的是一种网络节点间的拓扑关系，而非地理学的空间关系。因此，针对苏州城市内部入境游客流动网络、苏锡常地区内部入境游客流动网络和长三角地区内部入境游客流动网络，在构建和分析的过程中，网络阈值的选择就变得格外重要，不同的阈值所呈现的流动网络是不同的，在综合对比分析的基础上，选择最优阈值，成为不同尺度下入境游客流动网络构建的关键，也为入境游客流动网络结构的多时空尺度特征分析和模式体系的提炼和总结奠定了重要基础。

第4章

入境游客流动的网络结构特征分析

全球流动在近一个世纪大大增强，成为贯穿当代社会现实的新的时代精神。资本、物体、人和信息与日俱增的移动性正在将一个“社会性的社会”建构成“流动性的社会”。地理学的研究也开始从关注空间的横向扩展和动态演化，到根据时空结构的改变探讨空间流动及其对个体或者社会产生的意义（孙九霞等，2016）。随着学界对“移动性”的关注以及“移动范式”的出现，游客流动被放置到极其重要的位置上，逐步推动了“新流动性范式”的转向和发展。游客流动不仅是从景区尺度获得游客精确轨迹的重要前提，更是基于空间组织的城市内部尺度和基于密切联系的社会经济和旅游活动的区域尺度网络结构形成的原始动力和核心表达。对这种游客流动而产生的节点及其网络特征的深入研究，从背景分析、数据采集与处理、分析与提炼、理论提升与总结及实践应用角度，形成了游客流动分析和研究的基本范式，为分析和表达游客流动的时空间特征奠定了重要理论基础。由于游客流动发生在不同的时空尺度上，通常会产生不同的网络空间及由不同节点和不同网络共同组成的复杂网络，正是这些等级不同的节点及子网络发挥着不同的作用、扮演着不同的角色，使流动网络表现出不同的流动特征和流动规律，往往会对节点所在的区域产生不同的影响。本章将从微观尺度（苏州城市内部）、中观尺度（苏锡常地区）和宏观尺度（长三角地区）三个尺度对入境游客流动特征及其形成的网络结构特征进行深入剖析，旨在发现和揭示入境游客流动的过程及规律性特征。

4.1 流动节点的结构特征分析

流动网络是由不同的节点组成的，节点的数量越多，形成的流动网络越复杂。通常情况下，对于流动网络的分析，往往需要对节点及其内在的关系进行分析和表达，节点在网络中的重要程度及其与不同节点的联系程度，对于流动网络的演化过程和方向起到至关重要的作用，对于节点的判别和分析，又伴随着不同的研究方法。节点作为网络的重要组成部分，通常需要借助社会网络分析方法，这种分析方法在国内外较为流行，涉及对整体网络的分析和不同子网络及其节点的相关分析，本章考虑到后续研究中需要对重要核心节点及形成的流动网络进行多时空尺度的演化分析及其模式体系的构建，因此需要加强对节点及其流动网络的分析，以此判别和理清不同节点在不同网络中的地位和作用，为流动网络的空间分析和表达提供重要参考依据。

4.1.1 研究方法

4.1.1.1 整体网络结构评价方法

网络结构评价方法主要分为三个部分，包括网络密度、网络中心势、“核心—边缘”分析等。网络密度可以衡量网络发展的阶段，网络中心势是衡量网络发展的均衡化的程度，“核心—边缘”分析用来判断节点在网络中的地位（刘军，2014）。

（1）网络密度

网络密度用于衡量网络的整体紧密程度。网络密度数值一般介于0与1之间，网络密度越大，表示效果越好，因为游客流动网是一个有向关系网，若其中有 n 个旅游节点，那么理论上可能存在的最大关系数目为 $n(n-1)$，假设实际存在的联系数目为 m，那么该游客流动网络密度可表示为：

$$D=\frac{m}{n(n-1)} \tag{4-1}$$

（2）网络中心势

网络中心势由点及面地描述网络的结构特征及均衡度。网络中心势的取值介于0与1之间，指标值越小，说明网络发展越均衡，反之则越不均衡。中心势按照计算方式不同可以分为度数中心势、中间中心势和接近中心势。

①度数中心势

$$C_D=\frac{\sum_{1}^{k}[C_D(n^*)-C_D(n_i)]}{k^2-3k+2} \tag{4-2}$$

式中，$C_D(n^*)$ 为该网络中最大的度数中心度值，分子表示该游客流动网络中所有其他节点度数中心度与最大度数中心度之间的差值之和，k 为该游客流动网络中的旅游节点数。在该网络中，若度数中心势值越大，说明游客流动围绕该景区（点）集聚或扩散的可能性越大。

②中间中心势

$$C_B=\frac{\sum_{1}^{k}[C_B(n^*)-C_B(n_i)]}{k^3-4k^2+5k-2} \tag{4-3}$$

式中，$C_B(n^*)$ 为该网络中最大的中间中心度值，分子表示该游客流动网络中所有其他节点中间中心度与最大中间中心度之间的差值之和，k 为该游客流动网络中的旅游节点数。在该网络中，若中间中心势值越大，说明游客流动的集聚或扩散需要的中介旅游节点越少。

③接近中心势

$$C_C=\frac{\sum_{i=1}^{k}[C_C(n^*)-C_C(n_i)]}{k^2-3k+2}\times(2k-3) \tag{4-4}$$

式中，$C_C(n^*)$ 为该网络中最大的接近中心度值，分子表示该游客流动网络中所有其他节点接近中心度与最大接近中心度之间的差值之和，k为该游客流动网络中的旅游节点数。在该网络中，接近中心势值越大，说明越接近其他旅游节点的景区（点）在网络中的地位越重要。

（3）“核心—边缘”模型

由于“核心—边缘”模型的数学推导十分烦琐，故本书采用UCINET 6.6软件中的core-periphery model分析模块，建立“核心—边缘”模型，解释哪些节点分别处于“核心区”“半边缘区”“边缘区”，并理清它们之间的关系（刘军，2014）。

4.1.1.2 网络节点结构评价方法

（1）中心度

中心度主要用于从功能角度识别游客流动网络中各个节点的自身功能组合状况和节点间的功能位序状况，按照计算方式不同可以分为度数中心度、接近中心度和中间中心度，并且在有向网络中根据节点之间联系的方向性不同，度数中心度和接近中心度分为内向和外向。

①度数中心度

度数中心度是指某一节点与网络中其他节点有直接关联的数量，并且这种关联通常带有一定的指向性。在矢量网络图中，度数中心度分为外向度数中心度和内向度数中心度，表示该节点与其他节点之间的流进与流出关系，并以此来衡量该节点在网络中的输出和引进能力。度数中心度计算公式如下：

$$C_{D,in}(n_i) = \sum_{j=1}^{1} r_{ij,in};\ C_{D,out}(n_i) = \sum_{j=1}^{1} r_{ij,out}$$

$$C_D(n_i) = C_{D,in}(n_i) + C_{D,out}(n_i) \tag{4-5}$$

式中，$C_{D,in}(n_i)$ 和 $C_{D,out}(n_i)$ 分别用来表示内向度数中心度和外向度数中心度，$r_{ij,in}$表示从节点j进入节点i，$r_{ij,out}$表示从节点i进入节点j，$C_D(n_i)$ 表示总体的度数中心度，是内向中心度与外向中心度之和。节点流量越大，度数中心度数值越高，表明该节点在该旅游网络中的地位越重要。

②中间中心度

中间中心度衡量的是一个节点在整个网络中作为中介者的能力，若某节点处于其他许多“旅游节点对”捷径上，即两节点间最短的路径，则该节点具有较高的中介中心性。中间中心度计算公式如下：

$$C_B(n_i) = \sum_{j}^{1} \sum_{k}^{1} \frac{g_{jk(n_i)}}{g_{ij}}, j \neq k \neq i \tag{4-6}$$

式中，$g_{jk(n_i)}$ 是游客从节点 j 到达节点 k 经过节点 i 的捷径数，$C_B(n_i)$ 表示节点 j 要到达整个游客流动网络中的所有其他节点，对目的地 i 的依赖程度。中间中心度越高的旅游节点，对其他旅游节点的控制性越强，在整个游客旅游流网络中的重要程度越明显。

③接近中心度

接近中心度是指以距离为概念来计算一个节点与其他节点之间联系的紧密程度，与其他节点联系越紧密者则接近中心度越高，与其他节点联系不十分紧密者则接近中心度低。接近中心度的计算公式如下：

$$C_c(n_i) = \frac{1}{\sum_{j=1}^{1} d(n_i, n_j)} \tag{4-7}$$

式中，$d(n_i, n_j)$ 代表旅游节点 n_i 与 n_j 之间的最短路径距离（路径即所有节点和所有线段均不重复的途径）。接近中心度 $C_c(n_i)$ 就是指旅游节点 n_i 到其他各旅游节点的距离之和再求倒数，其指标值越高则表示节点 n_i 与其他节点的紧密程度越高，节点之间的游客流动通达性越好，并且越处于整个旅游流网络的中心位置。此外，在有向旅游流网络中，根据节点与其他节点的内向和外向关系，接近中心度又分为内向接近中心度和外向接近中心度。

（2）扩散指数

扩散指数用于评价整体网中网络节点扩散集聚能力的强弱，扩散指数越大，扩散功能越强，反之集聚功能越强。扩散指数计算公式如下：

$$S_i = \frac{C_{outi} - C_{ini}}{C_i} \tag{4-8}$$

（3）结构洞

若旅游网络结构中旅游节点A分别与节点B、节点C存在关联，但是节点B与节点C之间不存在关联，那么节点B与节点C之间就存在结构洞，旅游节点A是处于结构洞中的节点。本书采用的是伯特（Ronald Burt）的结构洞指标，从有效规模、效率、限制度和等级度四个方面来测度结构洞。

①有效规模

本书采用节点的有效性ES（$ES=1-$冗余度R）来直观表达旅游节点在旅游网络结构中的竞争力大小，冗余度高则相应呈现出较差的有效性、较低的竞争力。旅游节点i的有效性大小从1到与节点i连接的所有观察数变化，反映从强连接到无连接程度。公式如下：

$$ES = \sum_j (1 - \sum_q p_{iq} m_{jq}),\ q \neq i, j$$

$$p_{iq} = \frac{(z_{iq} + z_{qj})}{\sum_j (z_{ij+z_{ji}})},\ i \neq j;\ m_{jq} = \frac{(z_{iq} + z_{qj})}{\max(z_{jk} + z_{kj})},\ j \neq k \tag{4-9}$$

式中，p_{iq}代表节点i与q之间的比例关系，是节点i与q之间的连接数除以节点i与j的所有连接数之和；m_{jq}是节点j与q之间的边际强度，是节点j与q之间的连接数除以节点j与其他节点的最大连接数；z_{ij}是二分矩阵Z的矩阵单元，当节点i到j之间存在连接时，$z_{ij}=1$，反之为0。

②效率

效率等于该节点的有效规模与实际规模之比。

③限制度

限制度（constraint）主要测量旅游流网络结构中旅游节点i对其他节点的依赖程度。限制度越低，该旅游节点越处于区域的核心地位，反之，则是寄生关系。限制度计算公式如下：

$$CT_i = \sum_j (p_{ij} + \sum_q p_{iq} p_{qj})^2,\ q \neq i, j \tag{4-10}$$

式中，p_{ij}代表节点 i 与 q 之间的比例连接，p_{iq}为节点 i 与节点 q 之间的比例连接，p_{qj}是节点 q 与节点 j 之间的比例连接。如果限制度 $CT_i=0$，那么该旅游节点有无数的连接，处于结构洞位置，是最不容易替换的连接旅游节点，如果限制度 $CT_i=1$，那么该旅游节点只有一个有效的连接高度依赖其他节点。

④等级度

等级度指的是限制性在多大程度上集中在一个旅游节点上。等级度的计算公式如下：

$$H=\frac{\sum_j\left(\frac{C_{ij}}{\frac{C}{N}}\right)\ln\left(\frac{C_{ij}}{\frac{C}{N}}\right)}{N\ln(N)} \tag{4-11}$$

式中，N 表示点 i 的个体网规模，$\frac{C}{N}$是各个点的限制度的均值，$N\ln(N)$ 表示最大可能的总和值。$H=0$ 表示每个联系节点的限制度都是一样的，$H=1$ 表示所有的限制都集中于该节点上。或者说，一个节点的等级度越大，则该节点越受到限制。

4.1.2 流动节点等级特征分析

通过 UCINET 软件分别测算苏州城市内部、苏锡常地区、长三角地区三个尺度的入境游客网络的中心度及其扩散指标。其中，网络中心度表征了节点在整个网络中的地位和作用，一般分为度数中心度、中间中心度和接近中心度三种，度数中心性和接近中心性又可以分为外向中心度和内向中心度，表征了流量的流出和流入。从测算结果可以看出，苏州城市内部中心度较大的旅游节点主要是拙政园、虎丘、观前街、狮子林、寒山寺、留园、网师园、苏州中心等，根据中心度划分节点等级，将中心度大于 200 的划分为核心节点、100～200 之间的划为次级核心节点、50～100 之间的划为一般节点、30～50 之间的划为边缘节点，小于 30 的划为孤立节点，由此形成了苏州城市内部节点的等级体系。

具体分析如下：一是核心节点。拙政园、留园、北寺塔、平江路历史街区、观前街、寒山寺、虎丘、狮子林、相门古城墙、沧浪亭这10个景区节点的中心度值大于200，说明这些节点在游客流动网络中处于核心位置，具有较强的集聚和辐射功能，也是苏州市游客访问较为集中的景区。二是次级核心节点。西园、网师园、怡园、苏州北站、唐寅园、枫桥景区、角直古镇、盘门景区、苏州火车站、太湖旅游度假区、沙家浜这11个景区节点的中心度介于100~200之间，且内向中心度和外向中心度二者数值相对较高，在一定范围内会对周边其他非核心节点产生辐射作用，是仅次于核心景区节点的重要的旅游景区。三是一般节点。定园、千灯古镇、金鸡湖、石路步行街、独墅湖、周庄古镇、光福景区、苏州中心、同里古镇、苏州大学、苏州博物馆、七里山塘、穹窿山景区这13个景区节点的中心度介于50~100之间，属于网络中的一般性节点，这些景区的游客访问数量较低，因而对周边其他旅游景区的影响也不明显。四是边缘节点。十全街、旺山、灵岩山景区、锦溪古镇、石湖景区等11个节点的度数中心度值介于30~50之间，普遍较低，说明这些景区节点处在网络中的边缘位置。五是孤立节点。虞山尚湖、沙溪古镇、苏州公园、苏州乐园4个节点中心度小于30，游客稀疏且流动性较弱，有待进一步发展。

中间中心度表征了节点在整个游客流动网络中的中间媒介作用，反映了对整个流动网络的控制能力及其他节点的依赖程度。从本章后面的图4-1中可以看出，各个节点在中间中心度上存在较大差异，拙政园和观前街的中间中心度值在整个网络里最大，表明这两个景区节点在苏州内部网络中扮演着极其重要的角色，能够较好地将不同节点进行串联，发挥着中间媒介作用。观前街作为苏州市最负盛名的商业步行街，地处市中心最繁华的地带，人流量密集，交通四通八达，饭店、旅馆、商场等服务接待设施完备，因此能为游客在不同景区节点之间流动提供媒介作用；拙政园知名度一直很高，在苏州景区中位居前茅，不仅是整个网络的核心节点，更是负责连接其他节点的重要中介。

接近中心度一般反映景区节点的通达性，接近中心度越高说明节点的可进入性越好，交通越便利。上述范围内的 52 个景区节点在接近中心度这一指标值上比较相近，基本上在 20 ~ 70 之间，说明各个景区节点在景区可达性和交通便利性方面相对较好，为景区旅游发展提供了便利的条件。

苏锡常地区内部网络中心度较大的旅游节点主要包括拙政园、留园、虎丘、观前街、金鸡湖、平江路历史街区、灵山胜境、狮子林、寒山寺、七里山塘、盘门景区等，以上节点主要分布在苏州市内，无锡只有灵山胜境中心度相对较大，常州景区节点中心度相对较低。同样，根据中心度划分节点等级，将中心度大于 200 的划分为核心节点、100 ~ 200 之间的划为次级核心节点、50 ~ 100 之间的划为一般节点、30 ~ 50 之间的划为边缘节点，小于 30 的划为孤立节点，由此形成了苏锡常地区内部节点的等级体系。从划分结果来看，苏锡常地区核心节点主要是拙政园、金鸡湖、平江路历史街区、观前街、七里山塘、灵山胜境 6 个节点。次核心节点为虎丘、寒山寺、同里古镇、太湖鼋头渚、苏州博物馆、网师园、中华恐龙园、无锡影视城等 13 个节点。其他节点分别为一般节点、边缘节点及孤立节点。

对于中间中心度来说，除了苏州的拙政园节点外，无锡的灵山胜境和太湖鼋头渚及常州的中华恐龙园在数值上均较大，说明这些景区节点在整个苏锡常地区的游客流动网络中占据重要地位，对于其他节点有较大的影响力和控制力。相比较而言，从整个流动网络来看，虎丘景区、无锡影视城、惠山古镇、春秋淹城、东方盐湖城等景区尽管在区域范围内知名度和影响力也较高，但并未形成中心度较高的节点，有待进一步提升。此外，太湖鼋头渚和常州的天目湖景区之所以成为入境游客的重要选择，可能是因为景区拥有良好的生态环境和日益丰富的休闲度假产品。

对于接近中心性来说，在整个苏锡常地区的旅游节点中，高等级景区与低等级景区在数值上差异不大，范围基本在 10 ~ 30 之间，主要的原因在于，苏锡常地区是我国交通发展速度最快的地区之一，具备了较为完善的交通体系，景区的可达性和可进入性条件良好，为景区旅游发展提供了便利的基础条件。有的景区节点接近中心性相对较低，主要原因在于远离市中心，距离因素降低了接近中心性，后期发展在加大旅游产品开发建设的同时，积极提升交通可达性水平，在积极发展自身的同时，不断吸收和融入其他知名景区的辐射范畴，进而提升旅游知名度和市场影响力。

对于长三角地区来说，节点间的中心度差异明显，尤其体现在几个重要节点上，比如上海迪士尼、杭州西湖、南京夫子庙、上海东方明珠、苏州拙政园、上海外滩、南京钟山风景区，这些节点的中心度明显高于其他节点。按照划分节点等级要求，这些节点的中心度大于200，因此是长三角地区的核心节点。苏州金鸡湖、平江路历史街区、南京步行街、乌镇、城隍庙、太湖鼋头渚、玄武湖、灵山胜境、七里山塘、灵隐寺、宋城等景区节点的中心度位于100～200之间，属于次核心节点，其他剩余174个节点属于一般节点、边缘节点和孤立节点。此外，从数值变化上来看，随着尺度的增大，中心度总体上在降低，无论是外向中心度还是内向中心度，这说明随着尺度的增大，核心节点的作用和控制力在下降，空间距离加大降低了节点间的联系程度。

4.1.3 节点扩散指数特征分析

按照扩散指数的原始定义，本章将扩散指数大于20%的定位为扩散型景区，表征了景区的扩散能力较强，游客更多地从其他景区流入该景区，具有较强的吸收能力，往往具备一定的级别和市场知名度；扩散指数介于-20%～20%范围内的定位为平衡型景区，表征了景区游客的流入和流出相对比较平衡；扩散指数小于-20%的定位为集聚型景区，表征了游客通常由该景区前往其他景区，尽管这一类型的景区级别和影响力不一定高，但往往成为游客的选择之一，该类型景区具备中介串联作用，具有较好的连接价值。苏州市内部扩散型景区包括拙政园、观前街及平江路历史街区，其中扩散值最大的是拙政园，为23.22%。集聚型景区主要包括南园、震泽古镇、锦溪古镇及苏州乐园，说明入境游客比较倾向这些类型景区，但仅作为旅游活动的重要起点，往往是游客路径选择上的出发点或者起点。其他景区扩散指数介于 -20% ~20% 范围，属于平衡型景区，占据了总节点的 80% 以上，说明苏州市内部多数景区游客流入和流出的比例相对平衡且较为稳定。

在苏锡常地区这一空间尺度，景区类别划分采用相同的分析方法。除了苏州城市内部景区以外，无锡和常州的景区类别和数量较为接近。无锡城市内部扩散型景区主要是太湖鼋头渚和惠山古镇，其中扩散指数最大的是惠山古镇，扩散指数为 32. 22%，集聚型景区主要包括清名桥历史街区和梅园，其他景区扩散指数介于 -20% ~20% 之间，属于平衡型景区。常州城市内部扩散型景区的扩散指数最大的是常州梳篦博物馆，扩散指数为 70. 23%，集聚型景区是雁荡河水利风景区，其他景区属于平衡型类型且占据比例较大。

扩大到长三角地区这一空间尺度，除了上述苏锡常地区城市内部景区之外，重要景区节点在上海、杭州和南京三个城市，也是长三角地区最为典型的核心城市。从扩散指数的类型划分来看，扩散型景区主要包括夫子庙、钟山风景区、玄武湖、西湖、灵隐寺、南浔古镇、上海迪士尼、外滩、东方明珠等景区，集聚型景区主要包括莫愁湖、明故宫遗址公园、会稽山、徐家汇天主教堂等景区，其他景区扩散指数介于 -20% ~20% 之间，绝大多数属于平衡型景区。与上海、杭州和南京相比，宁波、扬州、湖州、南通、镇江、绍兴、舟山等城市尽管入境游客的数量相对较少，但也涉及一些重要景区，成为入境游客涉足的地方。

纵观以上三个不同尺度下的扩散指数，不难发现，知名度和影响力非常高的景区，比如同里古镇、周庄古镇、环球动漫嬉戏谷并不是扩散型景区，而知名度和影响力相对稍微低的景区也很难成为扩散型景区，说明扩散型景区往往发生在级别较高的景区节点上。此外，我们还发现，在不同的尺度下，节点的地位和作用会发生较大变化，在苏州内部中心度较高的节点，到了苏锡常地区，节点的各项指标开始下降，说明节点在网络中的地位和作用在不同的尺度下是存在差别的。随着尺度的变大，节点在网络中的地位相对降低，但这种降低并不代表节点的核心地位就会消失，多数核心节点依然能在尺度较大的网络中占据优势。

4.2 流动网络的时序特征分析

流动网络的形成往往体现了不同节点间的复杂关系和联系程度，流动节点之所以能够成为流动网络中的一个重要环节，是因为入境游客在不同的节点留下了轨迹，因此，本章分析流动网络的时序特征，需要从入境游客在不同的节点上留下轨迹的次数来衡量，以此发现不同尺度下入境游客流动网络的时序特征及其变化态势。考虑到爬取的游客数据信息存有大量的时间属性，某年某月某日某个具体的时间节点在数据库中都有所体现，这些具有年、月、日的时间序列数据对于分析和揭示入境游客流动的时序特征至关重要，尤其是对研究区来说，不同的时间尺度下流动网络的时序特征分析不仅能够精确判别具体日期的流动特征，还有助于案例研究区根据这些日期呈现的入境游客规律提供精准化的宣传和促销活动，有助于景区预警机制的有效建立，以此满足入境游客在这些尺度下的多元化需求。加上我国节假制度不断完善，国内游客出游率明显提升，对于入境游客来说，这些信息也提供了重要参考并形成对比，从而提升入境游客的旅游满意度和幸福指数。因此，无论是对入境游客而言，还是对研究区的政府来说，入境游客流动网络的时序特征分析都非常重要。

4.2.1 研究方法

4.2.1.1 季节指数

本章引入季节强度指数和季节变动指数分别考察入境游客节点游览次

数的季节变动规律。以月为研究单元的季节强度指数计算公式为：

$$R = \sqrt{\sum_{i=1}^{12} (x_i - 8.33)^2/12} \tag{4-12}$$

式中，R 表示季节强度指数，x_i 为各月入境游客的游览次数占全年的比重，R 越接近0，表明入境游客游览节点的时间分布越均匀，R 值越大，表明入境游客游览节点次数的淡旺季差异越明显。季节变动指数的计算公式为：

$$Q_i = \frac{\frac{1}{n}\sum_{j=1}^{n} x_{ji}}{\frac{1}{12}\sum_{i=1}^{12}\frac{1}{n}\sum_{j=1}^{n} x_{ji}} \times 100\% \tag{4-13}$$

式中，Q_i 为季节变动指数，x_{ji}为 j 年 i 月的入境游客游览节点的次数，其中 $j=2010$，2011，…，2018，$i=1$，2，…，12，Q_i 可以清晰地反映月度入境游客游览节点次数的平均变化状况。

4.2.1.2 移动平均比率方法

为了清晰地表达入境游客流动的时序特征，本章利用移动平均比率方法中的加法模型对入境游客轨迹中节点次数的原始时间数列进行季节调整，目的是清晰地考察月度时序中入境游客对节点选择的偏好程度，主要分析步骤如下：

第一步，对于月度时间序列 M 进行中心化移动平均，得到趋势循环序列 TC_t：

$$TC_t = (0.5M_{t+6} + \cdots + M_t + \cdots + 0.5M_{t-6})/12$$

第二步，计算 SI 序列：

$$SI_t = M_t - TC_t$$

第三步，计算季节因子 s_j。对于月度数据，分别计算 SI 序列第 j 个月的月度平均值（$j=1$，2，…，12），得到季节因子 s_j。

第四步，调整季节因子使它们的和等于0，即计算标准化季节因子 S_j：

$$S_j = s_j - \frac{1}{k}\sum_{i=1}^{k} s_i$$

第五步，计算季节调整的最终结果：

$$TCI_t = M_t - S_j(t=1,\ 2,\ \cdots,\ T) \tag{4-14}$$

4.2.1.3 Hodrich – Prescott（HP）滤波

HP 滤波分析方法是处理时间序列数据的有效方法之一，最初应用于经济学领域，目前已经被经济学、管理学、旅游学等多种学科广泛应用。HP 滤波分析法实质上是过滤掉低频的趋势成分，保留高频的周期成分。设 $\{M_t\}$ 为包含波动成分和趋势成分的时间序列，$\{M_t^c\}$、$\{M_t^T\}$ 分别为其中的波动成分与趋势成分，则：

$$M_t = M_t^c + M_t^T$$

计算 HP 滤波的实质也就是从 $\{M_t\}$ 中将 M_t^T 分离出来，一般而言，时间序列 $\{M_t\}$ 中趋势成分 $\{M_t^T\}$ 被定义为以下损失函数最小：

$$\min\sum_{t=1}^{T}\{(M_t - M_t^T)^2 + \lambda\sum_{t=2}^{T-1}[(M_{t+1}^T - M_t^T) - (M_t^T - M_{t-1}^T)]^2\} \tag{4-15}$$

调节参数 λ 对 HP 滤波具有重要作用，根据经验，年度数据 $\lambda=100$，季度数据 $\lambda=1600$，月度数据 $\lambda=14400$。本章采用 Hodrich – Prescott 滤波分析方法，目的是考察入境游客游览节点次数的周期性及变化趋势特征，以期发现入境游客在节点选择上的总体规律。

4.2.2 周期波动统计特征

为了清晰地表征入境游客流动网络的时序性特征，本章引入波动性相关分析方法，旨在分析和发现入境游客随着时间变化的流动性特征。对于流动性的时序变化，考虑到入境游客对不同节点的游览次数存在差异，通过对游客的轨迹分析和有效信息提取，以入境游客对节点的游览次数为基础数据，从而实现流动网络的时序特征分析。因此本章选取了2010～2018年共9年108个月的数据进行分析，以此判别入境游客流动在不同时序上的变化特征和趋势。对于苏州来说，2010～2018年入境游客游览次数总体上在波动中上升，具有一定的周期性变化特征，但周期性变化特征不明显。其中，2010年5月～2010年10月、2013年5月～2013年10月、2015年4月～2015年9月、2017年9月～2018年1月这几个时间段属于各个年份的峰值区，入境游客对景区节点的游览次数明显增多；2010年11月～2011年1月、2014年5月～2015年1月，2015年9月～2016年5月、2018年5月～2018年8月这几个时间段属于各个年份的谷值区，入境游客游览节点的次数相对下降。这与我国游客出游活动的时间周期存在一定的差异。

4.2.3　季节波动特征

为了进一步分析入境游客对节点游览次数的变化特征，利用式（4－12）、式（4－13）分别计算季节强度指数和季节变化指数，相关分析结果如图4－1和图4－2所示。由图可知，对于苏州、苏锡常地区、长三角地区来说，季节强度指数和季节变化指数均存在差异，但总体变化趋势存在一定的一致性。季节强度指数方面，三个尺度均有明显下降的态势，表明入境游客对节点游览次数在时间的分布上存在朝着趋于相对均衡的方向变化，尤其是2014年以后，这种变化态势明显增强，2010～2014年的变化幅度大，2014年以后起伏变化相对稳定，表征了入境游客在国内旅游活动的时间选择上相对稳定，同时也说明了近年来政府和企业更加重视旅游业并加强了管理，市场更加稳定，旅游业发展变得更为合理有序。从三个尺度对比分析来看，苏州的变化特征更为明显，苏锡常地区次之，长三角地区季节强度指数相对最低，说明苏州与其他两个尺度相比，不稳定性更为突出，也说明入境游客对于节点的选择，不再局限于某一个特定的地区，而是更愿意到更大尺度范围内从事旅游活动，提升了入境游客流动的空间范围。

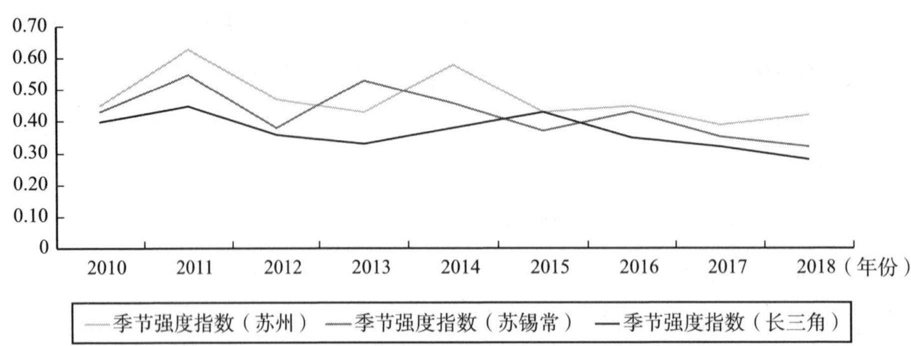

图4-1　入境游客流动网络的季节强度指数变化

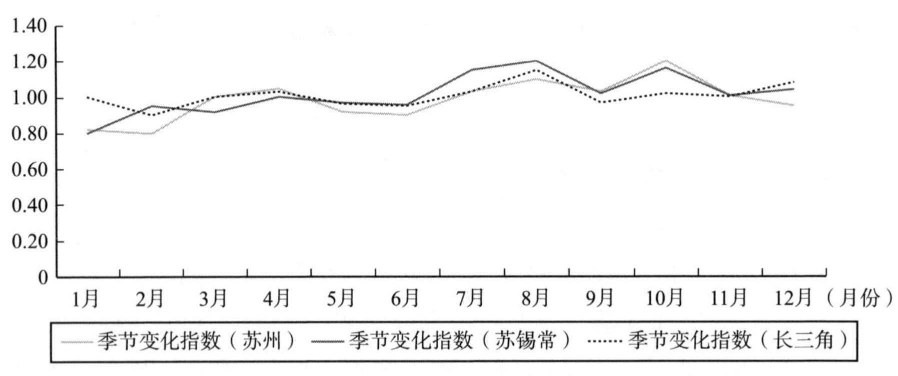

图4-2　入境游客流动网络的季节变化指数

从季节变化指数来看，苏州、苏锡常地区和长三角地区变化态势相对平稳，基本上在1.0左右徘徊，但依然可以看出，三个尺度的波动曲线在8月和10月出现相对较高的峰值，在1月和2月出现相对较低的谷值，这与上述分析的波动峰值和谷值基本吻合，说明入境游客对节点的游览活动，高峰期在8月和10月左右，低值时间在1月和2月左右，这与国内游客的出游时间基本一致，主要是长三角地区的气候条件决定的，淡旺季相对明显是该地区的主要特征，对于入境游客来说，并未打破这一规律。

4.2.4 滤波特征结果分析

季节性波动分析能够展现峰值与谷值的时间特征，但在具体事件中往往存在不规则因素的干扰，会掩盖事物变化的发展规律，一些重要的节点信息会被覆盖和掩藏，这就需要对上述分析结果进行精细化处理，剔除季节变动和不规则因素带来的干扰影响，从而提升入境游客对节点游览次数周期分析的精度和准确性。上述分析结果表明，入境游客对节点的游览次数存在较大的波动性，波动周期随着研究尺度的增大变得越来越明显，为了进一步理清入境游客对节点游览的具体周期特征，需要进行滤波分析。本章采用移动平均比率法中的加法模型对月度原始时间序列进行调整，消除个别奇异值和不规则要素对周期性因素的影响，从而分析入境游客对节点游览次数的周期波动性。就周期性分析而言，月度数据较之年度数据，往往能够更为清晰地发现事物随时间变化的规律性。本章利用四种不同滤波分析方法，目的是总结和发现入境游客对节点游览次数的周期性，以及对比不同滤波的分析结果，以此验证不同滤波分析方法的稳定性和有效性，从而提升对入境游客在选择节点上的分析的准确性。

对于苏州地区来说，如图 4 - 3 和图 4 - 4 所示，从分析结果可以看出，HP 滤波的波动性较好，与 BK 滤波分析相比，周期性更加明显。从整个时间序列来看，BK 滤波和 CF 滤波重点加强了对 2013 年 1 月到 2016 年 1 月的分析，这个区段的稳定性明显增强，表明苏州入境游客对节点游览次数的选择上相对稳定，形成了相对稳定的周期性波动特征。从整个时间序列来看，高峰值出现在 2017 年 10 月到 2017 年 12 月，谷值出现的频率较多，每个年份均出现多次，这与入境游客来华的时间有关，但整体趋势呈现出先上升后下降的态势，反映了苏州入境游客在节点的游览次数上呈现下降态势，说明随着时间的推移，入境游客对苏州主要景区的认可度开始下降。这一方面与苏州入境的游客数量有关，另一方面也与苏州景区的吸引力和市场宣传度有关。入境游客最初对传统知名景区兴趣浓厚，近年来兴趣不断下降。苏州旅游部门亟须加强对新业态的开发建设，对传统老景区设施设备进行改善和提升，以此吸引更多的入境游客前来旅游体验。

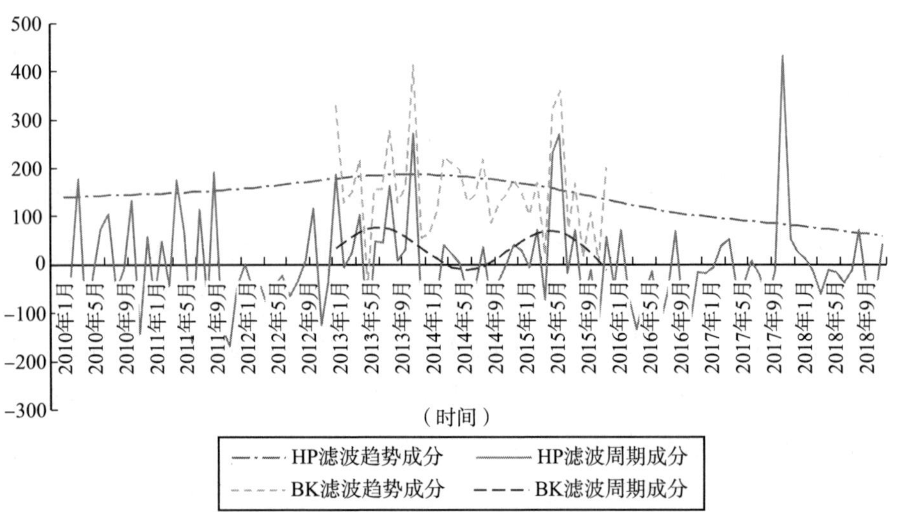

图 4-3　苏州入境游客流动的 HP 滤波和 BK 滤波分析

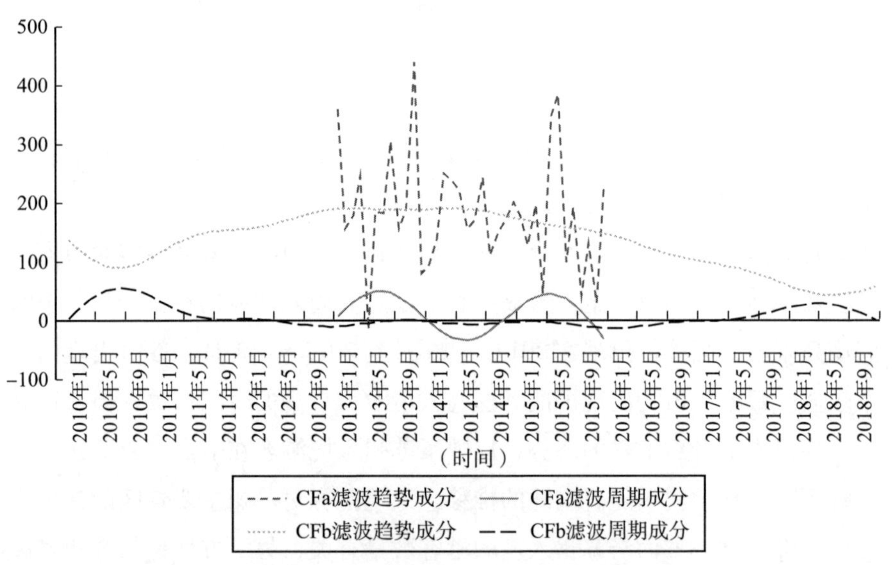

图 4-4　苏州入境游客流动的 CFa 滤波和 CFb 滤波分析

对于苏锡常地区来说，从图4－5和图4－6的分析结果来看，尽管滤波分析的周期性存在差异，但BP滤波的分析结果更为清晰，不仅能够表现出周期性的波动特征，具体的峰值和谷值也非常明确，整体趋势从相对平衡逐步过渡到缓慢上升的态势，表征了入境游客对苏锡常地区节点的游览次数稳步提升，但这种上升趋势相对平稳，也间接说明了苏锡常地区入境游客较为稳定。通过趋势的对比发现，苏锡常地区已经初步形成了相对稳定的入境客源市场，这与该地区积极发展旅游业的步伐相吻合。从HP滤波和BK滤波的对比结果来看，BK滤波对波动性最为明显的区段进行重点分析，主要分布在2013年的1月到2016年的1月，这个区段也是HP滤波周期性显著的区段，反映了这个阶段的入境游客相对稳定性高于其他区段。因此可以说，BK滤波分析正好验证了HP滤波的相对稳定性特质，为入境游客游览节点次数的有效周期性判别提供了重要依据。但同时也能发现，两种滤波分析结果存在一定差异，但整个趋势较为相似，主要原因在于，与HP滤波不同，BK滤波使用了超前和滞后项数，往往能够较好地显示出稳定性较高的区段和周期性波动态势。

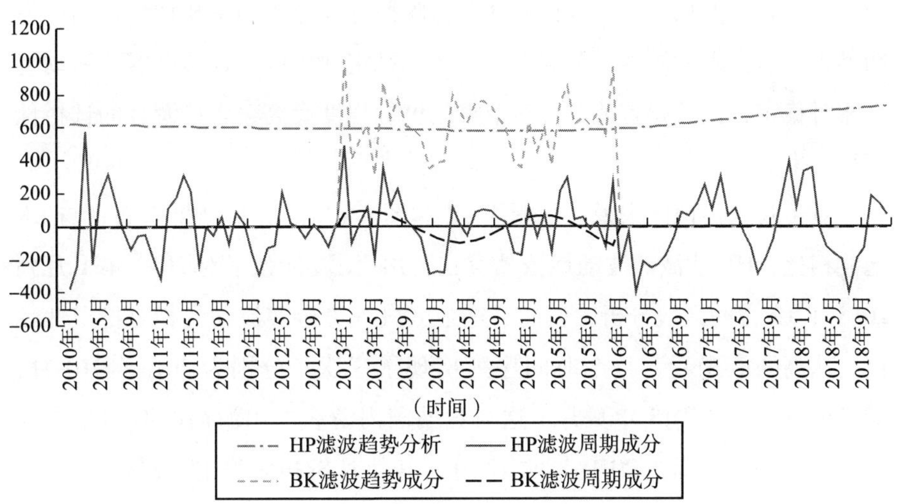

图4－5　苏锡常地区入境游客流动的HP滤波和BK滤波分析

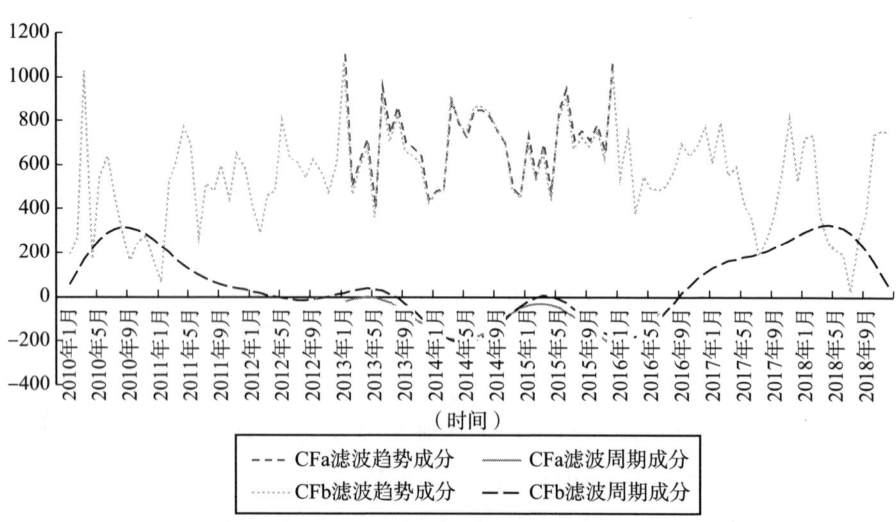

图 4－6　苏锡常地区入境游客流动的 CFa 滤波和 CFb 滤波分析

此外，需要说明的是，由于 BK 固定长度对称滤波与 CF 固定长度对称滤波使用了超前与滞后项数，会导致失去部分观测值，因此出现了局部时间波动趋势不一致的情况，除去损失项数外，结果基本与其他两种滤波分析法一致。但从图 4－6 可知，CF 的两种滤波分析结果相似性极高，说明苏锡常地区入境游客对节点游览次数的稳定性较好，入境游客的流动特征相对稳定，比苏州入境游客对节点的偏好程度要高，入境游客的选择性变得更大。

对于长三角地区来说，从图 4－7 和图 4－8 的分析结果来看，与 BK 滤波相比，HP 滤波的波动性依然突出，BK 滤波加强了对 2013 年 1 月到 2015 年 12 月的区段分析，表征了这个区段入境游客流动的相对稳定性较高，从高峰值来看，整个时间序列出现了三次，分别为 2013 年 10 月、2017 年 10 月和 2018 年 9 月，这与我国国内游客的出游高峰时间基本接近，谷值主要出现在 2010 年的 12 月，其他月份相对稳定。此外，从 CF 的两种滤波分析来看，整个时间序列的波动性特征明显加强，周期变化相对稳定，CFa 和 CFb 的周期波动曲线相对平缓，从 2011 年 9 月到 2017 年的9月均属于相对稳定的周期波动时期，为长三角地区制定相对稳定的入境游客吸引政策提供了客观依据。

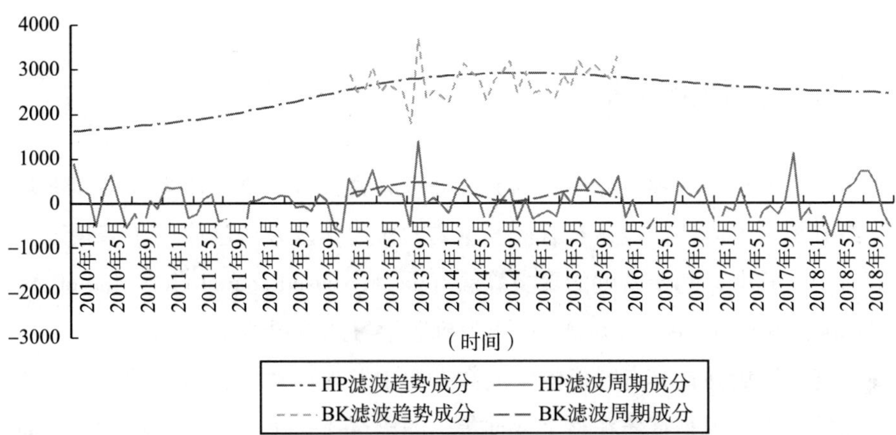

图4－7　长三角地区入境游客流动的HP滤波和BK滤波分析

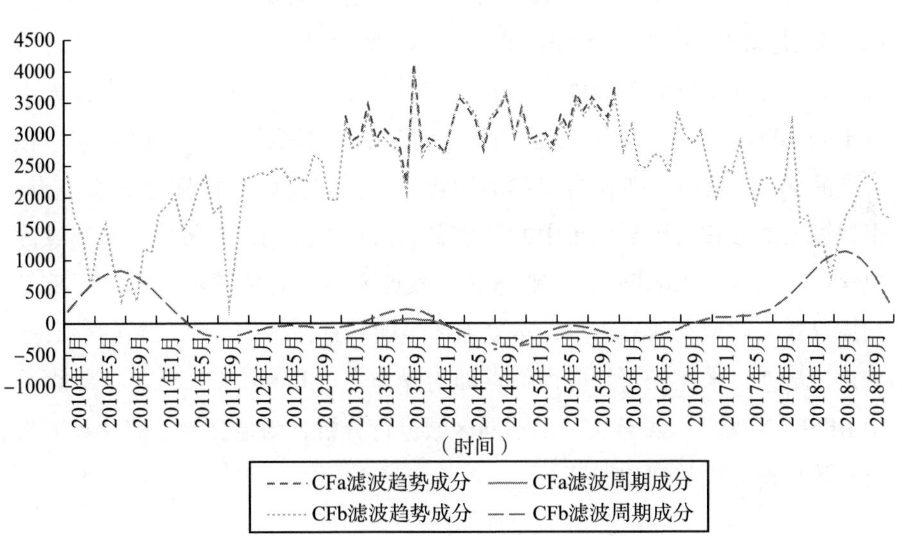

图4－8　长三角地区入境游客流动的CFa滤波和CFb滤波分析

4.3 流动网络的空间特征分析

4.3.1 研究方法

聚类分析是一种十分重要的数据处理方式，对于复杂序列和多模态数据组分析的主体特征表达有着极其重要的作用，该方法已应用于多种不同学科中。其中，基于密度的聚类算法（density-based spatial clustering of applications with noise，DBSCAN）作为机器学习的重要方法，能够从具有足够密度的区域并在具有噪声的空间数据库中发现任意形状的点的集合。该算法的核心思想是首先在整个数据集内随机选择一个核心点，从核心点向周围扩展，将邻接范围内的高密度点连接成片，形成各类集群，实现算法的两个关键参数如下：一是邻域 *Eps*。对于给定数据集中任意一点 p，其 *Eps* 邻域是指以 *Eps* 为半径的空间区域，即 $N_{Eps}(P)=\{q\in D \mid dist(p,\ q)\leqslant Eps\}$。二是密度阈值 MintPts。若任一点 p 的指定邻域（*Eps*）内点数大于等于 MintPts 值，则 p 为该集群的核心点，若 p 不是核心点，但在某一核心点的 *Eps* 邻域内，则 p 为集群的边界点；反之，则 p 被标记为噪声点。根据输入的参数遍历数据集中的每个点，当对象点满足在特定 *Eps* 邻域内包含的点数多于 MintPts 时，则建立以该点为核心对象的集群，之后重新扫描寻找未被聚类的核心点，重复上述步骤，直到数据集中无新的核心点为止，最终，未在任何集群内的点即为噪声点（Raun，2016）。本节将采用 DBSCAN 聚类算法对长三角不同区域进行分析，为地理标记照片数据集的有效呈现提供基础和保证。

4.3.2 热点区域识别

利用 DBSCAN 聚类密度算法，分别对苏州、苏锡常地区和长三角地区进行热点区（AOI）的分析，考虑到本章的主要目的是判断和识别区域的热点，并非进行多时空尺度演化分析，因此，选择2018年的地理标记照片数据进行分析。热点区识别最关键的是如何有效地界定数据点。由于游客上传的照片中都存在地理坐标，在相同的景区范围内通常会涉及不同的小景点，而这些小景点本质上属于同一个景区，故根据聚类算法尽可能将同属于一个景区的不同景点的照片聚为一类。经过聚类分析发现，对于苏州来说，热点（AOI）主要分布在苏州市区，其中以姑苏古城区为主，包括拙政园、留园、北寺塔、观前街、平江历史街区、寒山寺、狮子林、虎丘景区、西园、网师园、怡园、唐寅园、盘门景区、石湖景区及外围的同里古镇和周庄古镇等在内的32个景区节点，既包含了传统的历史街区，也有文化底蕴深厚的古镇景区，综合门类较为丰富，且集聚性强，这些景区节点的流量相对较大，尤其是姑苏老城区内的节点，成为热点中的核心节点，形成了集聚式组团形式的空间结构。对于苏锡常地区来说，热点主要分布在苏州和无锡的城市内部，包括苏州的拙政园、留园、北寺塔、观前街、平江历史街区、寒山寺、狮子林、虎丘景区、苏州北站及无锡的灵山胜境、太湖鼋头渚、无锡影视城、南禅寺、惠山古镇、清名桥历史街区、锡惠公园、宜兴竹海和常州的中华恐龙园、春秋淹城、天宁禅寺、溧阳天目湖等在内的45个景区节点。对于长三角地区来说，热点分布较广，主要集中在上海、南京、杭州、苏州、无锡和宁波等城市内部，包括东方明珠、外滩、南京步行街、上海迪士尼、城隍庙、夫子庙、钟山风景区、玄武湖、新街口、西湖、灵隐寺、浙江大学、乌镇、西塘、南浔古镇在内的137个景区节点，这些热点是入境游客流量相对较高的景区，也是在不同尺度的网络中发挥主导和支配作用的重要核心节点。

4.3.3 热点区空间流动

对于上述分析的热点区域，分别在各自的尺度下进行游客轨迹追踪。经分析发现，苏州、苏锡常地区和长三角地区的热点分布存在差异。苏州的热点主要集中分布在老城区范围内，外围地带形成多点，空间上形成了以姑苏老城区中心景区为核心、外围地带多点共存的空间结构。苏锡常地区的热点主要集中在苏州和无锡城市内部，以此形成了两个核心组团，这两个组团分别建立了与各自城市内部外围地带节点的联系，在空间上形成了以苏州城市内部中心景区和无锡城市内部中心景区为双核心、外围地带多点并存的空间结构。长三角地区的热点主要集中在上海、南京、杭州、苏州和宁波等主要城市内部，此时热点间联系的跨城市现象明显，在空间上形成了以上海、南京、杭州、苏州和宁波城市内部中心景区为核心的“六边形”结构。此外，从流量的分布来看，随着尺度的增大，热点间的总流量在不断增大，但从城市内部和城市外部间联系来看，热点间的流量主要集中分布在城市内部，苏州主要集中在老城区内，苏锡常地区主要集中在苏州城市内部和无锡城市内部，常州相对较低，长三角地区主要集中在上海、南京、杭州、苏州和宁波等城市的内部。苏锡常地区和长三角地区对比来看，两者都存在节点的跨城市流动，但苏锡常地区节点的跨城市流量较低，最大流量是苏州的拙政园到无锡的灵山胜境，城市内部节点间联系始终占据主导地位。长三角地区的城市间流量表现明显，但节点间流量的最大值依然是从上海的东方明珠到外滩，城市内部节点间流动的主导地位依然没有改变。

4.4 本章小结

本章主要分析了入境游客流动的网络结构特征，分别对苏州、苏锡常地区和长三角地区围绕节点的结构特征、流动网络的时序特征及流动网络的空间特征三个方面进行论证。研究结果表明，从节点的等级来看，对于苏州来说，拙政园、留园、北寺塔、平江路历史街区、观前街、寒山寺、虎丘、狮子林、相门古城墙、沧浪亭是苏州游客流动的核心节点，是苏州入境游客流动的重要环节，在苏州城市内部流动网络中占据主导和支配地位。对于苏锡常地区来说，拙政园、留园、虎丘、观前街、金鸡湖、平江路历史街区、灵山胜境、狮子林、寒山寺、七里山塘、盘门景区等景区是核心节点，支配着流动网络的变化方向。对于长三角地区来说，节点间的中心度差异明显，上海的迪士尼、杭州西湖、南京夫子庙、上海的东方明珠、苏州拙政园、上海外滩、南京钟山风景区构成了区域网络中的核心节点。从扩散指数和结构洞来看，苏州、苏锡常地区和长三角地区的绝大多数景区属于平衡型景区，仅有个别景区属于扩散型，说明入境游客流动在三个不同尺度下相对稳定。受限制较多的景区节点往往是一般节点、边缘节点和孤立节点，级别越高、知名度和影响力越大的景区，受限制的因素越少。

从流动网络的空间特征来看，城市内部和城市外部间存在联系，节点间的流量主要分布在城市内部，苏州主要集中在老城区内，苏锡常地区主要集中在苏州城市内部和无锡城市内部，常州相对较低，长三角地区主要集中在上海、南京、杭州、苏州和宁波等城市的内部。苏锡常地区和长三角地区对比来看，两者都存在跨城市节点间的游客流动，但苏锡常地区节点间的跨城市流量较低，最大流量是苏州的拙政园到无锡的灵山胜境，城市内部节点间联系始终占据主导地位。长三角地区的城市间流量表现明显，但节点间流量的最大值依然是从上海的东方明珠到外滩，城市内部节点间流动的主导地位依然没有改变。

第5章

入境游客流动网络的多时空尺度演化

尺度在地理学中占据极其重要的地位，是地理学研究事物发展变化的重要考量依据。由于尺度具有层次性和复杂性，地理事物的变化往往存在于演化的过程之中，通常伴随着时间和空间的变化，因此，对于时空尺度的综合分析，需要建立相应的尺度体系，将时间尺度和空间尺度进行有效的结合，这对于分析和把握地理事物的动态变化和演化方向将起到至关重要的作用。同时，尺度还存在变异性和关联性，地理学中的尺度通常伴随着格局和过程的联系，这种格局和过程在不同的尺度上往往存在差异，这种不同尺度下的差异特征增加了跨尺度研究的必要性。通过对研究对象的多尺度分析，分析和对比不同尺度下的表现特征，提炼共性和差异性，对于理清和掌握事物动态变化和内在的隐藏规律将是必要的且必须的。此外，尺度的研究价值还在于尺度体系的构建上，对于地理事物的分析，从不同层次、不同视角、不同内容上进行综合研究，探讨和揭示不同尺度下的作用和影响关系，从而实现对地理事物的多尺度综合分析，这也正是地理学一直研究和探讨的重要课题。因此，本章从多时空尺度着手，通过分析和判别入境游客流动的多时空尺度特征，并以苏州、苏锡常地区和长三角地区为案例地，开展入境游客流动过程的多尺度分析，以揭示入境游客流动在不同时间和不同空间尺度下的变化过程，从而为游客流动的尺度体系研究及“流”尺度体系的科学构建提供理论参考。

5.1 流动网络的多时间尺度演化

5.1.1 日度尺度演化

时间尺度通常用于揭示地理事物在时间上的变化特征，对于入境游客流动来说，时间节点的选择对于分析入境游客流动变化将会产生重要影响。时间尺度通常划分日、月、年，结合第 4 章分析的入境游客流动的波动特征及季节指数的分析结果可知，入境游客对节点的选择上以每年的 8 月和 10 月为高峰期，加上每年 10 月的黄金周，国内景区为迎接游客高峰的到来，通常会向游客提供大量的优惠政策并开展各种旅游活动，增强景区服务和基础配套，这也为入境游客的游览提供了便利。因此，对于日度时间的选择，以 2010 ~ 2018 年每年的 10 月 1 日作为日度尺度单元，所在的 10 月为月度尺度单元，以此探讨和分析入境游客流动在日度和月度尺度上的变化态势。同时，考虑到地理标记照片的数据量大，年度接近的数据往往并不能带来较大的变化，因此，在时间的选择上，以 2010 年、2014 年和 2018 年三个年份为年度时间节点。以上共同构成了本章对于时间多尺度的划分，以此分析入境游客流动在时间尺度上的演化特征。

利用 Python 语言对地理标记照片进行数据挖掘，经过分析和筛选及对脏点数据的综合处理，最终得到苏州、苏锡常地区、长三角地区三个不同尺度的 2010 年、2014 年和 2018 年的入境游客信息并建立数据库，以此作为本章分析入境游客在苏州、苏锡常地区和长三角地区不同时间尺度下流动特征的重要依据。同时，为了进一步理清苏州、苏锡常地区和长三角地区在日度尺度上流动网络的特征及其差异性体现，利用社会网络分析软件，对其形成的流动网络进行量化分析（见表 5 - 1）。

表5－1　　长三角地区节点间游客流动网络形态特征

区域	年/月/日	网络密度	外向度中心势	内向度中心势	中间中心势
苏州	2010/10/1	0.115	0.337	0.162	0.187
	2014/10/1	0.128	0.351	0.179	0.193
	2018/10/1	0.133	0.363	0.183	0.216
苏锡常地区	2010/10/1	0.107	0.329	0.205	0.228
	2014/10/1	0.083	0.365	0.187	0.203
	2018/10/1	0.113	0.337	0.216	0.236
长三角地区	2010/10/1	0.219	0.315	0.205	0.213
	2014/10/1	0.237	0.416	0.228	0.235
	2018/10/1	0.265	0.433	0.210	0.229

从表5－1可知，对于苏州来说，网络密度随着时间变化有所上升，说明苏州入境流动网络的成熟度逐步加强，景区节点间联系密切程度加深。外向度中心势和内向度中心势均有所上升，说明网络中节点的中心地位较为明显，中心景区对周边节点的主导控制力较强，网络中景区节点的影响力较为集中，这与苏州城市内部景区节点知名度和空间分布有关，拙政园、观前街、狮子林、平江路历史街区等节点的影响力始终处于前列，加上苏州内部核心景区的空间分布较集中，对于周边景区节点的控制能力较突出。从日度游客流动网络来看，2018年的日度流量明显高于2010年和2014年，三个年份在空间上的流动特征呈现较明显的以姑苏区古城区中心景区节点为核心向城市内外围节点延伸的放射性特征。但这种空间结构特征并不有利于苏州旅游竞争力的总体提升，大苏州板块格局尚未形成，尤其是相对集中地散落在周边的“多点”，影响了苏州整体旅游竞争力的提高，未来需要不断加强它们与中心城市景区节点的互动，促使其在苏州整体格局内形成集聚式的发展模式。

对于苏锡常地区来说，从三个日度时段来看，网络密度并不是随着时间变化而持续上升，中心势也不是随着时间变化而持续上升，而是体现为

2018 年较大、2014 年相对较小。这种变化说明，随着尺度的增大，节点在不同网络中的地位和影响力发生改变，区域核心景区节点对整个网络的控制能力先降低后升高。但从流量的空间分布来看，苏州城市内部节点间的流量始终占据较大比例，尽管尺度已从原来的苏州城市内部扩大到苏锡常地区，但苏州内部核心节点依然能够形成对跨城市节点的影响，形成了以苏州内部中心节点为核心，向城市内部外围节点及城市外部节点延伸的放射性特征，这与苏州核心节点在整个区域网络中的地位和知名度有关，拙政园、观前街、平江历史街区等节点的核心位置始终未变。此外，从流动空间来看，2010 年和 2018 年的流动空间特征较为相似，2014 年流动特征较为集中，整体流量主要集中在苏州和无锡境内，常州相对较少。

对于长三角地区来说，随着时间的变化，流动网络朝着复杂的态势演变，表现在空间上节点的数量和节点间的流动连线越来越多，说明入境游客对长三角地区景区节点的选择力度越来越大，跨景区跨城市的旅游活动已经呈现明显增加的趋势。与 2014 年 10 月 1 日和 2018 年的 10 月 1 日的数据相比，2010 年 10 月 1 日景区间的联系程度相对较弱，入境游客的跨城市旅游活动主要发生在上海、杭州、南京、苏州和宁波，尽管无锡、南通、湖州等城市的景区也有所涉及，但在数量上明显不足。2014 年 10 月 1 日的数据表明，其网络复杂度明显高于 2010 年 10 月 1 日，主要的节点也纷纷与邻近节点及其他城市的节点建立联系，无论在节点数量还是在节点路径数上均明显提升，除了扬州、泰州和台州的景区没有涉及外，其他城市的景区均有所涉及，表明随着时间的推移，入境游客的流量已经开始从原来的上海、杭州、南京、苏州和宁波等重要城市向其他非重点城市转移，这与这些城市加大对旅游业的投入力度息息相关，景区的品质和城市特色已成为入境游客的关注点。2018 年 10 月 1 日的入境游客几乎已经涉足长三角地区的全部城市，景区节点的联系程度再次加深，路径数和节点数量也明显增加。从上海、杭州、南京、苏州和宁波来看，在城市内部景区节点显著增多的同时，这些城市内部景区与其他城市景区的联系也明显增强，说明入境游客在增加对其他城市景区选择的同时，重点城市的景区依然受到欢迎。综合以上分析，不难看出，尽管游客流动的网络特征存在差异，节点规模和路径数量差异也较为明显，但总体上依然以上海、杭州、南京、苏州和宁波的城市内部景区为核心景区，不断建立与其他城市景区间的联系，随着时间的推移，这种联系程度也越来越密切。

总体来看，相比较其他地区，苏锡常地区的网络密度也得到相应提高，网络的稳定性较为明显，但与苏州相比网络密度相对较低，可能的原因在于，苏州景区节点更为集中且知名度一直较高，入境游客从苏州分别到无锡和常州进行旅游活动的强度不高，未来有待进一步加强合作。从中心势来看，苏锡常地区的外向度数中心势和内向度数中心势并不高，说明苏州中心景区节点对苏锡常网络存在较大影响，苏州中心景区的影响力明显高于其他景区节点。对于长三角地区来说，网络密度明显加强，景区间的密切联系程度加深，无论是外向度数中心势还是内向度数中心势，都明显高于其他两个地区，说明网络中心景区节点发挥的作用较大，对其他节点具有控制能力。对于中间中心势来说，苏州、苏锡常地区和长三角地区的外向度数中心势都大于中间中心势，反映了网络中的一些节点需要核心节点的带动，这些核心节点控制着网络的演化方向和游客流动的主要走向，也进一步反映了随着尺度的变大，“核心—边缘”结构也越明显，流动网络的均衡性发展有待进一步提升。

5.1.2 月度尺度演化分析

结合上述分析可知，10 月份黄金周不仅是国内游客出游的高峰期，还是入境旅游波动的峰值期，因此，选择 2010 年、2014 年和 2018 年的 10 月份作为分析入境游客流动月度尺度演化的时间节点，可以揭示入境游客在这三个年份的 10 月份的流动过程和流动特征。对于爬取的地理标记照片，按照 10 月份发生的所有入境游客轨迹进行统计分析，并将在此期间的入境游客轨迹路径进行空间化处理及按照流量的大小进行等级划分，可以为分析和发现入境游客在这个时间段内的流动特征和规律揭示提供客观依据。

从苏州的月度尺度演化来看，在这个时间段内，入境游客流动的规律性明显，空间结构特征突出，从苏州城区主要节点向周边外围地带发散，放射性地辐射到边缘区的旅游节点，这也与苏州主要景区节点集聚在城区相关。从总的时间变化来看，随着时间的推移，核心节点的放射性范围更广，由原来主要集中在姑苏区老城区不断向其他区辐射，不再局限于老城区中心，但老城区中心的主要核心节点始终控制着整个网络。从时间节点的对比来看，2010 年和 2014 年，核心节点由向北部延伸逐步转移到向东南和西南方向辐射，此时的同里景区和木渎古镇成为重要的连接对象。对比 2018 年来看，老城区核心节点的辐射范围继续向周围地带拓展，此时的“核心—边缘”结构越来越明晰，空间结构表现为以城市内部中心节点为核心，向城市内部外围边缘地带节点延伸的放射性特征。

从苏锡常地区的月度尺度演化来看，在这个时间段内，入境游客流动的规律性较为明显，三个时段的节点在苏锡常地区均有所体现，相比较而言，2010 年流动节点主要集中在苏州市区，无锡市区和常州市区相对较少，流量上也是苏州市区占据比例较大。2014 年这种现状被打破，表现为主要节点不仅仅局限在苏州市区，此时的无锡市区节点明显增多，常州市区节点增幅相对较小，但此时的节点已拓展到溧阳天目湖景区，空间范围继续增大。到了 2018 年，苏州市区内节点尽管依然较大，但苏州市区外围地带节点明显增多，无锡市区和常州市区内的节点也出现增多现象，尤其是常州市区增幅明显。当然，从网络节点上来看，随着时间的推移，苏锡常地区节点间的联系程度明显加强，网络发展的稳定性也明显增强，网络的核心节点不再局限于苏州市区内，无锡市区和常州市区节点的地位也明显提高，对于网络结构发育的完整性不失为一个良好的现象。但在节点流量方面，流量较大的依然是苏州内部节点之间，只是随着时间的推移，苏州内部核心节点的对外联系能力增强，不仅表现在节点间联系从苏州老城区转移到外围地区，还表现在从苏州内部转移到无锡地区和常州地区，核心节点的地位和价值得到充分体现。此外，尽管核心节点间的联系不再局限于城市内部，跨城市、跨地区现象明显，苏州的拙政园、观前街、平江历史街区、狮子林、同里古镇、木渎古镇等景区节点都形成了跨城市联系，与无锡的灵山胜境、太湖鼋头渚、惠山古镇以及常州的中华恐龙园、春秋淹城、天目湖、天宁禅寺等景区节点均有联系，但在流量上依然以城市内部节点间联系为主，城市间流量相对较低，但有上升的趋势。

从长三角地区的月度尺度演化来看，在这个时间段内，入境游客流动的规律性明显增强，不仅表现为跨城市流动现象明显，还体现为节点间联系程度不断增强，城市内部核心节点不仅加强了与周边外围地带节点间的联系，重点城市内部节点间的流量也逐步增大。在空间上，形成了以上海、杭州、南京和苏州和宁波城市内部节点为核心、外围地带多点并存的“多边形”结构。随着时间的推移，城市内部核心节点向外的辐射性得到加强，景区节点间联系也由内部居多开始向外部转移。综合对比三个时段来看，2018 年的特点最为明晰，在重点城市内部节点联系加强的同时，城市间联系显著提升，相比较而言，城市内部核心节点的地位相对下降，由原来的城市内部节点控制逐渐转向区域尺度内的多核心节点共同支配的网络发展局面。从长远的角度来看，这对于长三角地区来说无疑是积极的，有利于流动网络的稳定发展。

5.1.3 年度尺度演化分析

与日度和月度尺度相比，年度尺度的变化相对较大，也是流动网络结构特征演化的主要方向，流动过程和流动规律相对明显，但也极为复杂。从苏州的三个时段来看，总体上“核心—边缘”结构特征明显，以苏州老城区内部节点为主要核心，不断向周边外围地带节点辐射，城区内部核心节点在流动网络的演化上始终占据主导地位。随着时间的推移，这种辐射范围和空间不断增大，边缘节点逐步成为支撑网络发展方向的重要中介，在流动网络的发展过程中，发挥着自身的作用和价值。但这种流动网络的均衡性相对不足，尽管古城区核心节点的辐射性越来越强，联系的边缘节点也越来越多，但这种态势对苏州整体旅游格局的完善是不利的，特别是凝聚模式下的“多点”对整个苏州旅游业均衡性发展带来了弊端。快速交通的发展，使其周围的边缘节点能够较快地融入核心景区，不断提升边缘节点的旅游发展能力，成为改善不利局面的有效途径。

对于苏锡常地区来说，流动网络的年度尺度演化特征相对明晰，与月度尺度演化特征较为相似，不同的是年度尺度下节点间的流量明显加强，不仅表现在城市内部，城市间景区节点的联系程度也不断提升，跨城市旅游活动现象越来越明显，主要原因在于：一方面，城际高铁的快速发展，为入境游客提供了便利的条件，在一定的时间范围内，可以在苏锡常地区范围内进行多次旅游活动，这一点从挖掘的地理标记照片的数量上也可以得到验证，游客的流动轨迹已不再局限于某一个城市范围内，而是在景区节点相对较好的城市间流动，不断提升节点流量，也促使流动网络不断完善。此外，从节点间流量来看，此时的苏锡常地区仍然呈现出以城市内部节点间流量为主、城市间的节点流量为辅的状态，尤其是苏州城市内部核心节点始终在整个网络的发展和演化过程中扮演着极其重要的角色，主导着流动网络的发展变化。

对于长三角地区来说，与苏州和苏锡常地区相比，其流动网络的年度尺度演化特征表明，该地区复杂程度明显增大，节点间联系更为紧密。从流量的分布来看，城市间景区节点间的联系强度明显增强，这不仅得益于快速交通的发展提供的便利条件，最重要的是随着尺度的增大，往往会将不同类型、不同特色的景区节点有效融入，这对于入境游客而言无疑是具有吸引力的。流量的多层次化和节点数量的增多，使流动网络变得越来越复杂。从节点和流量所属的城市来看，上海在三个年份中始终最多，其次是杭州和南京，再次是苏州，无锡和宁波也位居前列，这种分布基本与城市在长三角所处的地位相吻合。上海作为国际化都市，在世界范围内具备良好的城市形象，同时也是我国的经济发展中心，良好的市场可进入性，以及先进的现代化科技信息技术，为入境游客的到来提供了诸多的便利条件。杭州和南京分别是浙江省和江苏省的省会城市，区内A级景区众多，

5A 级景区数量也在全国范围内位居前列，江苏省更是以 23 个 5A 级景区位居全国第一，优质的景区资源和发达的经济基础，为吸引入境游客提供了重要保障。此外，入境游客不断增多，不仅需要优质的资源、良好的内外交通、相对完善的基础设施配套及安全保障措施，更重要的是需要提供多样化的具有吸引力和感染力的旅游产品和服务。相比较而言，上海、杭州、南京和苏州拥有更多的优质资源和项目活动，优势明显，加上城市的知名度和广泛的宣传，促使游客不断前来旅游。

5.2 流动网络的多空间尺度演化

空间性是地理学的基本属性，入境游客在空间上形成了流动性特征，以其特有的方式贯穿于不同的节点之间，伴随时间的动态变化，在不同空间尺度下形成了不同形态的网络空间。游客流动的多空间尺度分析通常涉及尺度的关联性和变异性，表现为不同的空间尺度下流空间的过程和格局的动态关联。正是由于不同尺度下的流动网络变化的过程和格局是不同的，而在这一过程中扮演重要角色的是节点、流量及子网络，因此，流动网络的多空间尺度的分析过程，本质上是对节点、流量及子网络及其内在相互关系的分析和掌控。基于此，本节基于网络分析的研究范式，从节点、流量及子网络层面对两种不同约束下的入境游客流动多空间网络体系进行解析和判读。

5.2.1 苏州尺度演化分析

5.2.1.1 流量约束下的苏州尺度演化分析

通常情况下，对于流动网络的分析，往往需要对节点及其内在的关系进行分析和表达，节点在网络中的重要程度及其与不同节点的联系程度，对于流动网络的演化过程和方向起到至关重要的作用，加上节点间又存在流量的差别，不同的流量约束往往带来节点路径和节点的数量发生变化，这对于分析苏州内部景区节点间的流动性及其节点关系提供了重要视角。根据节点间的流量大小，将节点路径分为四个层次：$I_{ij}>0$、$I_{ij}\geqslant 10$、$I_{ij}\geqslant 20$、$I_{ij}\geqslant 30$，并利用GIS技术分别对这四个流量阈值下的流动网络进行游客轨迹追踪处理，同时根据式（4-1）~式（4-4）计算不同流量阈值下的网络指标（见表5-2）。

表5-2　苏州内部节点间游客流动网络形态特征

区域/年份	流量阈值	网络密度	外向度中心势	内向度中心势	中间中心势
苏州/2010年	$I_{ij}>0$	0.263	0.445	0.173	0.193
	$I_{ij}\geqslant 10$	0.238	0.463	0.189	0.212
	$I_{ij}\geqslant 20$	0.226	0.387	0.182	0.189
	$I_{ij}\geqslant 30$	0.233	0.361	0.165	0.215
苏州/2014年	$I_{ij}>0$	0.286	0.453	0.187	0.227
	$I_{ij}\geqslant 10$	0.243	0.475	0.193	0.197
	$I_{ij}\geqslant 20$	0.227	0.396	0.172	0.170
	$I_{ij}\geqslant 30$	0.215	0.367	0.161	0.158
苏州/2018年	$I_{ij}>0$	0.297	0.479	0.190	0.230
	$I_{ij}\geqslant 10$	0.263	0.483	0.193	0.236
	$I_{ij}\geqslant 20$	0.235	0.426	0.177	0.215
	$I_{ij}\geqslant 30$	0.218	0.382	0.182	0.197

由表5-2可知，苏州不同年份的流动网络指标存在差异，但这种差异态势并不十分明显，随着时间的推移，整体网络密度呈现增大态势。当流量阈值$I_{ij}>0$时，在2010年，包括所有节点的网络密度并不大，到了2014年，网络密度比2010年有所增大，到了2018年，网络密度值比前两个年份继续增大，说明网络随着时间的推移逐步成熟和完善。当流量阈值

I_{ij}≥10 时外向度数中心势和内向度数中心势都是各自年份的最大值，同时，GIS 的游客轨迹追踪反映出此时的流量网络中心节点明确，无论是对外联系还是与周边节点的联系，控制能力都较强。当流量阈值 I_{ij}≥20 时，外向度数中心势和内向度数中心势都处于降低态势，表征了此时的网络中心节点不突出，对周边节点的控制能力变弱。当流量阈值 I_{ij}≥30 时，网络密度下降明显，外向度数中心势和内向度数中心势均下降明显，此时的中间中心性却相对较高，说明此时的网络中心不明确，对于周边节点的控制力缺乏，但作为中介联系的非中心节点保留相对较多，支撑着流动网络的形成。

综合以上分析，不难看出，对于苏州来说，随着时间的更替，不同的时间内流动网络的特征是不同的，而在同一个时间尺度下，不同的流量约束导致了流动网络的差异特征明显。流量的约束促使节点及节点间的关系发生改变，客观上形成了不同的网络密度和中心势，这就要求在厘清中心景区地位的同时，积极发挥边缘节点及中介节点的作用，促使整个网络朝着相对均衡的方向发展。

5.2.1.2 距离约束的苏州尺度演化分析

距离作为地理学中极其重要的要素，是考察地理事物发展变化的重要因素，在对入境游客流动特征的分析中不难发现，距离尺度变化引发的流动特征变化。考虑到节点间距离要素的划分方式，一般有节点间的实际距离和游客游览节点的轨迹距离，不同距离的选择方式不同，对于流动网络的形成及对节点的判别影响较大。与长三角地区相比，苏州尺度较小，且核心节点较为集中，以节点间实际距离为划分标准对于分析和掌控核心节点的作用有利，能够较好地体现不同流量在距离约束下的流动特征及流动网络。同时考虑到在 I_{ij}≥10 的流动网络中节点控制着整个网络的变化方向，能够综合反映原始网络的主要信息，因此，在选择 I_{ij}≥10 的流动网络的基础上，结合苏州内部景区节点的实际距离，将距离划分为四个层次，即 0～4 千米、4～8 千米、8～12 千米、≥12 千米，以期为发现距离在流动网络中的作用提供客观依据。

由表5－3可知，对于苏州地区来说，距离约束下的流动网络发生较大变化，这种差异特征明显，主要表现在不同时间网络密度的差异。对比三个年份，2018年的网络密度明显高于2010年和2014年，同一个年份下的网络密度差异显著。一般情况下，距离约束越小，节点的中心性越突出。从表5－3中可以发现，外向度数中心势在0～4千米时数值最大，距离约束大于12千米时数值最小，其原因在于，距离约束较小时，核心节点的主要控制力得到彻底展现，从而最大限度地将其自身与其他节点断开，这也为其核心地位的确立提供了依据。距离约束为4～8千米时，网络密度、外向度数中心势和内向度数中心势在不同距离约束下是最小的，说明此距离约束下的流动网络发育不完善，节点间的均衡性不明显，由此形成的流动网络在空间上并没有明显的特征。距离约束为8～12千米时，随着时间的推移，外向度数中心势和内向度数中心势是下降的，节点的"核心—边缘"特征开始变得明显。综合以上分析不难发现，距离在游客流动网络中具有较大影响，不同阈值的距离约束，往往形成差异明显的网络空间，随着距离的增大，节点和游览路径也会相应减少，距离衰减规律在此得到较好的体现。当然流动网络的空间结构特征与网络发育的完善程度并不存在直接的关系，空间结构特征明显的流动网络并不代表流动网络发育完善，网络完善与否通常与节点、流量及距离存在紧密关系。

表5－3　节点间距离约束下的苏州内部游客流动网络指标

区域/年份	距离阈值	网络密度	外向度中心势	内向度中心势	中间中心势
苏州/2010年	>0千米	0.263	0.445	0.173	0.193
	0～4千米	0.137	0.468	0.182	0.205
	4～8千米	0.115	0.420	0.150	0.190
	8～12千米	0.128	0.373	0.162	0.173
	≥12千米	0.143	0.350	0.151	0.185

续表

区域/年份	距离阈值	网络密度	外向度中心势	内向度中心势	中间中心势
苏州/2014 年	≥0 千米	0. 286	0. 453	0. 187	0. 227
	0 ~4 千米	0. 157	0. 482	0. 199	0. 201
	4 ~8 千米	0. 132	0. 410	0. 163	0. 180
	8 ~12 千米	0. 168	0. 373	0. 178	0. 173
	≥12 千米	0. 193	0. 366	0. 169	0. 166
苏州/2018 年	≥0 千米	0. 297	0. 479	0. 190	0. 230
	0 ~4 千米	0. 205	0. 491	0. 197	0. 246
	4 ~8 千米	0. 156	0. 483	0. 183	0. 201
	8 ~12 千米	0. 213	0. 426	0. 172	0. 213
	≥12 千米	0. 225	0. 397	0. 189	0. 190

5. 2. 2　苏锡常地区尺度演化分析

5. 2. 2. 1　流量约束下的苏锡常地区尺度演化分析

根据苏锡常地区景区节点间的流量大小，将节点路径分为四个层次，即 $I_{ij}>0$、$I_{ij}\geq10$、$I_{ij}\geq20$、$I_{ij}\geq50$，并分别对这四个流量阈值下的流动网络进行 GIS 的游客轨迹追踪处理，同时根据式（4 –1）~式（4 –4）计算不同流量阈值下的网络指标（见表 5 –4）。由表 5 –4 可知，在流量约束下，苏锡常地区流动网络的复杂程度明显高于苏州，随着时间的推移，这种复杂程度越来越高。随着流量阈值的增大，网络密度和中心势都发生了较大变化，其中网络密度从 2010 年的 0. 278 转变到 2014 年的 0. 290，再到 2018 年的 0. 293，数值上的变化表明苏锡常地区入境游客流动网络的发育逐步提升，对于景区旅游发展是有益的。同时，作为跨城市的区域网络，随着流动网络的成熟度不断提升，节点已由在原有的小尺度网络中发挥作用转换到在更大尺度的区域网络中发挥作用，这种尺度的变化，对于核心节点本身及周边节点都存在重要影响。

表 5-4　　流量约束下的苏锡常地区节点间游客流动网络指标

区域/年份	流量阈值	网络密度	外向度中心势	内向度中心势	中间中心势
苏锡常/2010 年	$I_{ij}>0$	0.278	0.458	0.182	0.203
	$I_{ij}\geq 10$	0.256	0.470	0.195	0.218
	$I_{ij}\geq 20$	0.233	0.349	0.173	0.192
	$I_{ij}\geq 50$	0.239	0.355	0.167	0.218
苏锡常/2014 年	$I_{ij}>0$	0.290	0.473	0.189	0.230
	$I_{ij}\geq 10$	0.272	0.480	0.195	0.237
	$I_{ij}\geq 20$	0.236	0.426	0.175	0.195
	$I_{ij}\geq 50$	0.240	0.451	0.169	0.183
苏锡常/2018 年	$I_{ij}>0$	0.293	0.482	0.193	0.241
	$I_{ij}\geq 10$	0.277	0.493	0.196	0.246
	$I_{ij}\geq 20$	0.241	0.421	0.179	0.203
	$I_{ij}\geq 50$	0.259	0.437	0.186	0.197

此外，在流量阈值 $I_{ij}>0$ 时，网络结构最为复杂，外向度数中心势和内向度数中心势相对较低，中心景区节点核心地位不明显，弱化了核心景区节点的对外联系能力。在流量阈值 $I_{ij}\geq 10$ 时，网络密度和中心势都属于最大值状态，中心景区节点的核心地位得到较好的体现，节点的主次关系相对明确，能够较好地体现总网络的形态及空间特征。在流量阈值 $I_{ij}\geq 20$ 时，网络密度和中心势也下降明显，降低了中心景区节点的影响力，不能较好地表现网络节点的主次关系。在流量阈值 $I_{ij}\geq 50$ 时，网络密度和中心势虽然有所上升，但相比较而言，外向度中心势和内向度中心势在数值上并不占优势，对于核心节点及主次关系的明确表达有所欠缺，加上中间中心势相对较低，具有中介连接作用的节点保留较少，属于发育不完善的网络结构。因此，通过对比上述流量约束下的流量网络，在流量阈值 $I_{ij}\geq 10$ 时核心节点及节点主次关系比较清晰，为最佳网络结构。

5.2.2.2 距离约束下的苏锡常地区尺度演化分析

上述对苏州内部节点距离约束的分析较好地揭示了苏州内部景区节点间的流动特征。随着距离的增大，节点和路径数相对下降，但依然能够较好地体现出网络的流动态势。这种分析方法对于苏锡常地区同样适合，因此，结合苏锡常地区景区节点的实际距离，本节将距离划分为四个层次，即0~10千米、10~30千米、30~50千米、≥50千米，以此判别苏锡常地区流动网络在距离约束下的尺度演化。结合公式分别对苏锡常地区不同距离约束下的流动网络进行处理，得到入境游客流动网络的相关指标（见表5-5）。由表5-5可知，在不同的距离约束下，2010年、2014年和2018年的数据苏锡常地区游客流动呈现不同的网络特征。

表5-5　节点间距离约束下的苏锡常地区入境游客流动网络指标

区域/年份	距离阈值	网络密度	外向度中心势	内向度中心势	中间中心势
苏锡常/2010年	>0千米	0.278	0.458	0.182	0.203
	0~10千米	0.157	0.392	0.156	0.167
	10~30千米	0.134	0.413	0.163	0.173
	30~50千米	0.146	0.387	0.155	0.158
	≥50千米	0.153	0.373	0.143	0.151
苏锡常/2014年	>0千米	0.290	0.473	0.189	0.230
	0~10千米	0.162	0.395	0.160	0.172
	10~30千米	0.140	0.412	0.177	0.185
	30~50千米	0.155	0.393	0.158	0.164
	≥50千米	0.167	0.389	0.150	0.158
苏锡常/2018年	>0千米	0.293	0.482	0.193	0.241
	0~10千米	0.166	0.405	0.163	0.183
	10~30千米	0.143	0.417	0.179	0.195
	30~50千米	0.158	0.402	0.161	0.176
	≥50千米	0.175	0.392	0.158	0.163

结合 GIS 的游客轨迹追踪发现，当距离大于 0 千米时，网络结构最为复杂，节点数和路径数值最大，但此时中心节点的优势不明显，主次节点间建立的网络关系过于复杂。当距离为 0 ~ 10 千米时，流量较大的节点基本被保留，但次要节点也基本被剔除，流动网络的空间特征不明显。当距离为 10 ~ 30 千米时，网络结构已基本形成，外向度中心势和内向度中心势也明显增大，说明此距离约束下的中心节点对周围节点的控制力得到了较好的体现。当距离为 30 ~ 50 千米时，网络密度有所增大，但此时的中心势相对较低，反映了中心景区的对外联系程度降低，流动网络变得不完善。当距离≥50 千米时，网络结构相对完整，但此时的网络密度和中心势均有所下降。随着研究尺度的增大，距离对节点、流量及网络的影响明显加深，尤其是对于跨城市的区域网络而言，这种影响变化更加突出。正是因为节点间被赋予了距离约束，在不同尺度的距离约束下，往往呈现不同的网络空间，这种网络空间反映的不仅仅是节点间的流量大小，最重要的是能够有效揭示在不同距离范围内核心节点在不同子网络中的地位和价值，这对于判别节点在网络中扮演的角色和在不同子网络中的价值是至关重要的。

5.2.3 长三角地区尺度演化分析

5.2.3.1 流量约束下的长三角地区尺度演化分析

根据长三角地区景区节点间的流量大小，将节点路径分为五个层次，即 $I_{ij}>0$、$I_{ij}\geqslant 10$、$I_{ij}\geqslant 20$、$I_{ij}\geqslant 50$、$I_{ij}\geqslant 100$，并分别利用 GIS 技术对这五个流量阈值下的流动网络进行游客轨迹追踪处理，同时根据式（4－1）~式（4－4）计算不同流量阈值下的网络指标（见表 5－6）。结合 GIS 的游客轨迹追踪可以发现，在流量约束下，长三角地区流动网络变化明显，不同的流量阈值下呈现出不同的网络空间。纵观 2010 年、2014 年和 2018 年的分析结果，当流量阈值 $I_{ij}\geqslant 10$ 时，流动网络的结构特征较为突出，表现在上海的节点流量最大，且保留的节点最多，跨城市流动特征明显，南京、杭州、苏州所属的景区组团具备较大的流量，与上海城市内部景区共同组成了相对稳定的流动网络，互动式旅游表现得较为明显，城市间的流量互有进出。当流量阈值 $I_{ij}\geqslant20$ 时，节点数和路径数出现下降，但此时的网络结构依然存在，空间上表现为与 $I_{ij}\geqslant10$ 时极为相似的特征，反映了长三角地区尺度下的节点流动性较强，核心节点间的流量数据较大，跨城市的表现突出，重点城市间的互通性较好。同时还可以发现，上海、杭州、南京和苏州四个城市内部景区节点的连接度较好，入境游客不仅在城市间流动，而且城市内部景区节点间的流动性依然很强。当流量阈值 $I_{ij}\geqslant50$ 时，节点和路径数急剧下降，中心景区优势不再明显，多数节点在此时被剔除，节点间的跨城市联系减弱，外向度中心势相对较小，但此时的内向度中心势有所增强，反映了被保留的核心景区在城市内部的作用和地位有所上升，节点对内联系的加强和对外联系的减弱构成了此流量约束下的主要特征。

表 5－6　　流量约束的长三角地区节点间游客流动网络指标

区域/年份	流量阈值	网络密度	外向度中心势	内向度中心势	中间中心势
长三角/2010 年	$I_{ij}>0$	0.287	0.462	0.188	0.225
	$I_{ij}\geqslant10$	0.243	0.427	0.175	0.203
	$I_{ij}\geqslant20$	0.213	0.410	0.163	0.183
	$I_{ij}\geqslant50$	0.227	0.367	0.170	0.192
	$I_{ij}\geqslant100$	0.235	0.433	0.178	0.198
长三角/2014 年	$I_{ij}>0$	0.292	0.473	0.193	0.237
	$I_{ij}\geqslant10$	0.245	0.435	0.177	0.215
	$I_{ij}\geqslant20$	0.219	0.429	0.153	0.186
	$I_{ij}\geqslant50$	0.213	0.387	0.160	0.191
	$I_{ij}\geqslant100$	0.227	0.438	0.165	0.195

续表

区域/年份	流量阈值	网络密度	外向度中心势	内向度中心势	中间中心势
长三角/2018年	$I_{ij}>0$	0.295	0.475	0.197	0.253
	$I_{ij}\geq 10$	0.248	0.437	0.183	0.226
	$I_{ij}\geq 20$	0.225	0.412	0.162	0.193
	$I_{ij}\geq 50$	0.217	0.393	0.165	0.180
	$I_{ij}\geq 100$	0.232	0.440	0.179	0.198

对比2010年、2014年和2018年的指标可以看出，流量阈值 $I_{ij}>0$ 时，随着时间的推移，网络密度是逐步变大的，说明游客流动网络逐渐走向成熟和稳定，这对于判别长三角地区入境旅游发展的态势来说具有积极意义。流量阈值 $I_{ij}\geq 100$ 时，网络空间形态特征变得简单，主要的节点保留在上海、杭州、南京和苏州及宁波城市内部，节点间的流量下降明显，但这些节点是整个网络中最为核心的节点，对于流动网络的演化过程和方向具备控制和支配作用，被保留的路径也是支撑整个流动网络最为核心的路径。综合以上分析不难发现，流动性不仅体现在城市内部景区之间，对于城市间的跨城市旅游同样存在，随着流量约束的变化，节点的地位和作用也将发生改变，但这种变化在不同的子网络中更为明显，城市内部景区核心节点往往最具支撑力，但随着尺度的变大，节点在整个网络中的地位有所下降，而随着时间的推移，这种核心节点的对外联系能力得到提升，不仅联系着所在城市内部的景区，还对城市外部的节点产生影响，核心节点始终支配着流动网络演化的过程和方向。

5.2.3.2 轨迹距离约束下的长三角地区尺度演化分析

对于苏州和苏锡常地区来说，由于尺度相对较小，因此采用节点间的实际距离约束来揭示节点、流量及网络在不同的距离约束下的特征，可以达到较好的效果。但对于长三角地区而言，尺度明显增大，节点间的实际距离尽管也能体现不同距离约束下的网络变化，但这种分析结果对于绝大多数的节点及节点形成的网络已失去了原有的意义和价值，主要原因在于，小尺度的景区节点间的实际距离相对较小，节点间的距离约束能够将不同距离尺度下的流量特征表现出来，且保留了主要核心节点的有效信息，能够较好地反映网络的结构特征。但对于大尺度的长三角地区来说，不同景区所在城市间的实际距离较长，如果依然采取与苏州和苏锡常地区相同的方式进行距离约束，那么，不同城市内部的核心节点将会在距离的约束下被直接剔除，这对于分析和判别大区域尺度下的核心节点、流量及网络带来不利。因此，对于长三角地区来说，利用节点间的实际距离进行约束是不适合的。但同时我们也注意到，网络是由游客游览的不同节点组成的，而将游客真实游览的不同节点进行组合就形成了入境游客的行为轨迹，由此产生了游客轨迹距离，即游客轨迹距离就是将游客游览的不同节点间的距离相加。通过对游客轨迹距离进行约束，不仅可以避免由于跨城市距离较大而引起的核心节点消失，同时还能够真实地刻画游客实际发生的轨迹距离约束下的网络空间，这对于分析入境游客的流动过程及由此形成的网络空间特征将具有重要意义。

对于游客轨迹距离的运算，可以结合第 3 章中的数据算法，利用 Python 语言，对照片按拍摄的时间顺序，对每一个游客游览轨迹设计代码，最后形成不同游客在不同时间的轨迹，然后对轨迹距离进行约束，将轨迹距离分为 5 个层次：>0 千米、≥50 千米、≥100 千米、≥200 千米、≥300 千米，并分别利用 GIS 技术对这 5 个轨迹距离阈值下的流动网络进行游客轨迹追踪处理，同时计算不同轨迹距离阈值下的网络指标（见表 5 -7）。由表 5 -7 可知，综合对比 2010 年、2014 年和 2018 年的指标，当轨迹距离大于 0 千米时，网络包括了区域内的所有景区节点，此时的网络中心势是最大的，网络结构也最为完整，区间节点数和路径数最多，但节点间的联系程度过于复杂，是节点及流量组成的原始网络，突出的特征是城市内部节点联系与城市间节点联系共存。当轨迹距离大于等于 50 千米时，节点和路径数下降明显，此时的网络密度和节点中心势也出现下降态势，但呈现的网络结构特征依然清晰，主要表现为上海与南京、上海与苏州、上海与杭州间的景区联系较为密切，尽管城市内部节点及流量均有所下降，但此时城市内部节点间的流动占据主导地位，城市间的游客流动相对较低。当轨迹距离大于等于 100 千米时，节点和路径数继续下降，城市内部节点联系程度下降较快，城市间的游客流动相对突出。当轨迹距离大于等于 200 千米时，节点和路径数持续下降，此时表现为上海与南京、上海与苏州间的游客流动为主导，城市内部节点联系变得松散，但整体网络结构尚存。当轨迹距离大于等于 300 千米时，节点和路径数保留较少，呈现的空间特征也较为接近，属于网络发育相对不足的状态。

表 5－7　　轨迹距离约束下的长三角地区入境游客流动网络指标

区域/年份	距离阈值	网络密度	外向度中心势	内向度中心势	中间中心势
长三角/2010 年	>0km	0.287	0.462	0.188	0.225
	≥50km	0.235	0.317	0.153	0.175
	≥100km	0.187	0.303	0.137	0.152
	≥200km	0.136	0.289	0.120	0.133
	≥300km	0.128	0.265	0.112	0.120
长三角/2014 年	>0km	0.292	0.473	0.193	0.237
	≥50km	0.240	0.298	0.168	0.183
	≥100km	0.193	0.236	0.137	0.162
	≥200km	0.178	0.215	0.112	0.148
	≥300km	0.113	0.187	0.107	0.113
长三角/2018 年	>0km	0.295	0.475	0.197	0.253
	≥50km	0.242	0.356	0.179	0.216
	≥100km	0.193	0.323	0.150	0.172
	≥200km	0.145	0.305	0.133	0.158
	≥300km	0.133	0.276	0.119	0.132

综合以上分析，不难发现，对于长三角地区来说，轨迹距离约束下的流动网络与流量约束下的流动网络特征存在一定的相似性，但差异性也非

常明显，主要表现为：尽管两者的约束条件不同，但最终呈现的网络空间结构存在空间的一致性，就是以上海、杭州、南京、苏州及宁波所属的节点为网络的核心节点。随着时间的推移及约束条件的不断推进，宁波城市内部景区节点最先被剔除，保留了上海、杭州、南京和苏州四个城市内部的主要节点，这一方面是由景区节点自身的知名度和级别决定的，另一方面也是由城市所处的地位和影响力决定的，上海、南京、杭州、苏州作为长三角地区极其重要的城市，无论是在经济体量还是在旅游发展速度上都处于整个长三角地区的前列，优良的基础配套和不断提升的国际影响力都对入境游客产生了吸引力，正因如此，景区节点间的旅游联系也正在积极向城市间旅游联系转变。换言之，对于相对较大尺度的长三角来说，景区节点间的流动逐步向城市间的流动转变，在不同的轨迹距离约束下得以较好的体现，这也为大尺度区域旅游网络发展提供了有力的佐证和参考。

5.3　流动网络的多时空尺度演化对比分析

上文主要分析了苏州、苏锡常地区和长三角地区的流动网络在日、月、年及不同流量约束和不同距离约束下的空间演化特征，不同尺度下的演化存在不同的空间特征，在空间上形成了不同的空间结构。从苏州到苏锡常地区，再扩大到长三角地区，随着研究区空间尺度的增大，流动网络在不同的时间节点呈现出差异化的特征及外在表现形式，这种差异不仅体现在同一个区域上，还表现在不同的空间尺度上。考虑到尺度存在关联性，通过对入境游客游览景区节点的轨迹提取区域内部景区节点间的联系，建立了苏州、苏锡常地区和长三角地区不同时间节点的流动网络，在流量约束和距离约束的条件下，分别对上述三个地区进行了流动网络结构的深入探讨，最终得到了三个空间尺度的空间结构演化特征，为后续游客流动网络演化模式的构建提供了重要的科学依据。通过对网络的多时间尺度演化和多空间尺度演化两个层面进行对比分析，有助于发现尺度在流动空间上的影响及作用，有助于提升尺度对流动空间作用的深刻理解，可以为政府制定科学的游客引导政策及在不同的时间段建立规范合理的决策提供参考。

5.3.1 流动网络的多时间尺度演化对比分析

尺度的价值和作用不仅体现在空间上，时间尺度变化对于分析和揭示游客流动网络的演化过程同样起到重要作用。通过上文对不同时间尺度下的流动网络特征及演化过程分析可以看出，苏州、苏锡常地区和长三角地区内部节点及网络在日度、月度和年度尺度上表现出不同的变化态势。在日度尺度上，苏州城市内部流动网络存在差异，也存在一定的共性，表现为随着时间的推移，日度的节点间流量明显加大，这主要与入境游客不断增加有关。同时，苏州城市内部的核心节点始终控制着整个流动网络的演化过程，主要以姑苏古城区为核心的节点不断向周边外围地带的景区扩散，这些节点如拙政园、平江路历史街区、苏州博物馆及观前街等，位于流动网络的核心地位，通过这种外延式的辐射形式，建立起核心节点与外围次要节点间的联系，从而保障了流动网络的相对稳定性及其变化形态。

当然，这些核心节点的主导地位虽然始终占据优势，但随着时间的推移，外围节点客观上也在不断吸收核心节点的流量辐射，这种分流对于一直处于集聚式发展的苏州旅游业来说，是一种较为理想的状态，外围地带节点的流动性增强，也会促使其加强对周围较弱节点的带动，在与古城中心保持一定距离的条件下，形成了外围地带的次核心节点，从而促使其由原来的以古城中心景区为核心向周边节点放射性发散逐渐转变为古城中心与外围次核心共同支撑的流动网络结构，这对于未来苏州旅游业发展的均衡性有利。从现实来看，外围节点地位的提升，不仅需要自身旅游的积极发展，还需要不断融入古城中心核心节点，只有如此，才能促使流动网络始终保持一种相对稳定的状态，但从当前的情况来看，外围地带的节点无论在数量上还是在规模上都处于弱势，目前仅周庄古镇、同里古镇、吴中太湖旅游度假区及金鸡湖的知名度相对较高，但这些节点距主城区较远，导致交通通达性降低，这对于外围节点地位的提升不利。

与苏州相比，随着时间的变化，苏锡常地区的日度尺度分析显示其流动网络的变化性相对较大。这种变化不仅体现在城市内部节点间的联系上，还体现在节点间的跨城市层面，正是这种跨城市的流动使原有的流动网络变得相对复杂。但从流动网络的演化过程来看，游客浏览景区节点的跨城市特征逐步增强，在这个过程中，城市内部节点间的流量始终位居前列，说明城市内部节点的核心主导地位尽管因尺度增大而有所下降，但这种下降程度相对较低，主要体现在苏州内部节点间的流量和联系程度相对较高，从苏州内部节点流入无锡和常州的流量并不是持续增长，流量较大的节点依然分布在苏州城市内部。这种现象对于苏锡常地区旅游业的均衡性发展带来不利影响，客观上容易陷入苏州入境旅游发展较好而无锡和常州入境旅游发展相对不足的困局。这种结果随着交通网络体系的不断完善和无锡常州自身旅游业的不断提升有所改变，但目前的流动依然呈现出以苏州内部中心节点为核心向外围及无锡和常州辐射的特征。

与苏州和苏锡常地区相比，长三角地区的日度尺度流动网络的演化态势更为复杂，主要表现为城市间的流动特征明显，这主要受制于距离在大尺度上的作用和影响。入境游客要想游览类型更多的景区，必须在大尺度下进行选择，客观上引起了城市间流动的增多。这种景区节点间的跨城市流动现象也就变得愈加凸显，尤其体现在上海、杭州、南京、苏州和宁波等城市，无论是节点的数量还是流量都呈现增大态势，入境游客的游览路径也变得多样化，正是这种表现相对复杂的流动特征主导着流动网络的不断演化，在空间上呈现出以上海、杭州、南京、苏州和宁波等城市内部节点为核心的“多边形”空间结构。此外，对比苏州、苏锡常地区和长三角地区，苏州呈现出较为典型的“核心—边缘”结构，以内部中心节点为核心，向四周多点呈现放射性的联系。苏锡常地区则呈现出以苏州内部中心节点为核心，向城市内部外围和城市外围延伸，形成放射性空间结构。长三角地区呈现出以上海、杭州、南京、苏州和宁波城市内部中心节点为核心的“多边形”空间结构。

与日度尺度的流动网络相比，月度和年度尺度下的流动网络变得相对稳定但更为复杂，总体上呈现的流动特征与日度尺度存在相似性，差异性主要体现为节点间的流量变化和节点的数量变得更大，节点间的距离由原来的城市内部逐步发展到城市间，跨城市的节点联系变得越来越明显，对于尺度相对较大的长三角地区而言，跨城市的节点间联系越密切，区域旅游发展态势越均衡，但早期的城市间流量相对较低，主导流动网络变化和发展的依然是城市内部节点。因此，可以看出，入境流动网络结构的演化过程，本质上是城市内部节点和城市间节点之间的博弈过程，在这个博弈的过程中，核心节点的地位和作用也在发生变化。随着尺度的增大，这种核心的地位相对降低，对流动网络的控制和主导力度也相对降低，但不得不说，核心节点的集聚和辐射能力无论在城市内部还是在城市间，所起到的作用都是毋庸置疑的，促使整个流动网络的不断完善。

5.3.2 流动网络的多空间尺度演化对比分析

尺度的对比通常能够更好地揭示流量网络的动态格局变化。上面主要分析了时间尺度下的入境游客流动网络的演化，为流动网络在不同时间的演变过程和规律的挖掘提供了有效的科学依据。空间性作为地理学的固有属性，分析和判别游客流动网络空间的多尺度演化则显得更为必要，因此，本章将从苏州、苏锡常地区和长三角地区不同空间尺度进行流动网络的空间演化对比分析。流量是节点间发生联系的重要衡量标尺，在不同的流量约束下，苏州、苏锡常地区和长三角地区的流动网络发生了较大变化，主要体现在：苏州城市内部节点间由于受到流量的约束，节点及节点间的路径发生较大改变，流动网络的空间结构也会随之改变，但在苏州内部，这种变化并不突出，“核心—边缘”结构始终存在，这与苏州内部景区节点的高度集中分布存在关系，因此，苏州城市内部节点的流动网络始终以姑苏古城区的中心节点为核心，向周边放射性地发散，空间上形成

“锥子形”的空间结构。相比较苏州而言，苏锡常地区在流量的约束下，呈现出以苏州城市内部中心景区为核心、向城市内部的外围节点及城市外部节点延伸的放射性特征，空间上形成“核心—多点”的空间结构。相对于苏州和苏锡常地区，对于长三角地区来说，流量的约束促使其内部结构特征越来越明晰，城市内部节点和节点间的跨城市间联系密切，随着时间的推移，城市间的流量变化也越来越明显，在这场博弈的过程中，城市内部节点间流量始终占据主导地位，支配和控制着流动网络的稳定性发展，空间上形成了以上海、南京、杭州、苏州、宁波等城市内部中心节点为核心、城市内部节点及跨城市节点间密切联系的“多边形”空间结构。

相比较流量约束，距离约束的影响变得复杂，考虑到节点间的实际距离及游客流动的实际轨迹距离在不同尺度下的影响不同，因此，本章主要从距离的两个方面进行了游客流动的多空间尺度演化分析，旨在发现和揭示入境游客在不同空间尺度下的流动特征及流动规律。对于苏州和苏锡常地区采用了节点间的实际距离进行约束，对于长三角地区则采用了游客流动的实际轨迹距离进行约束。从研究的结果来看，在节点间实际距离约束下的苏州和苏锡常地区，随着距离的不断增加，流动网络表现出的空间特征越来越明晰，距离越小，被保留节点的流量往往相对较大，反之，距离越大，被保留的节点间流量往往越小。在距离的约束下，苏州和苏锡常地区呈现的特征变化存在一定的相似性，但外在的空间形式表现不同，空间上苏州由不规则形状最终演化成与流量约束相类似的“锥子形”空间结构，而苏锡常地区则由不规则形状最终演化为以苏州内部中心景区节点为核心、向外围地带的城市内部节点及城市外部节点延伸的空间结构。相比较苏州和苏锡常地区，长三角地区则采用了游客轨迹距离进行约束，在这种约束下所呈现的空间结构与之相反，轨迹距离越短，呈现的空间特征越明晰，轨迹距离越长，呈现的空间特征越不明确，这与长三角地区相对较大的空间尺度有关，尺度越大，节点间的跨城市距离越大，游客的轨迹距离也会随之增加。

5.3.3 对比结果分析

通过上面对时间和空间的多尺度对比分析，不难发现，流动性是客观存在的，对于同一个地区来说，在不同的时空尺度下呈现出的流动空间特征存在差别，但在同一个规则条件的约束下，苏州和苏锡常地区在各自尺度上的变化过程较为相似，尽管最终呈现的空间结构不同，但这种演变的过程存在一致性，主要原因在于：无论是苏州还是苏锡常地区，发挥主导作用的节点始终是苏州内部中心节点，外部节点的联系也是随着核心节点的数量下降而减少。两者存在局部差异的原因在于：苏州内部尺度的分析，只能局限于城市内部，核心节点的辐射也只能局限在向城市内部的外围边缘地带延伸。而对于苏锡常地区来说，在这种演化的过程中，苏州内部核心节点的联系已不再局限于城市内部，而是通过节点间的联系实现跨城市联结，但从本质上来看，都是发挥了苏州内部核心节点的辐射和扩散能力，存在的差异在于这种辐射和扩散能力不同。

从内部节点的关系来看，在城市内部尺度更有机会建立节点联系，可能的原因在于入境游客更倾向在同一个城市范围内进行旅游活动，然后才是选择跨城市游览观光，这与游客的心理特征有关。此外，在流量和距离的约束下，尽管空间上的外在表现形式不同，但从流动网络演化的过程来看，两者也存在相似性，都是以中心节点为核心，向周围延伸和扩散，在不同流量和距离的约束下，在空间上呈现的“核心—边缘”结构，只不过由于苏州城市内部节点集聚性分布使其在空间上最终形成了“锥子形”空间结构。相比较长三角地区，流量约束上呈现的规律特征和苏州及苏锡常地区演化过程相似，只是最终形成的空间结构存在差异，这与尺度的大小有关，但演化的过程和方向是一致的，在这一点上没有本质的区别。但在不同的距离约束条件下，三者间的差异较大。但需要说明的是，对于苏州和苏锡常地区选择节点间距离进行约束，能够较好地发现距离在其中产生的影响，这种距离约束更符合尺度相对较小的区域，但长三角地区由于尺度相对较大，城市间的客观距离被放大，景区节点间的距离约束已经无法适用于城市间的实际距离，因此，游客轨迹距离更适合尺度相对较大的区域，有助于发现和揭示景区节点在流动网络中的地位及流动网络在不同的距离约束下所呈现的节点间的联系和空间结构特征。

5.4　本章小结

本章对时间和空间进行了多尺度分解。在时间上，按照日、月、年的尺度进行划分；在空间上，按照苏州、苏锡常地区和长三角地区进行尺度划分。通过对入境游客流动的多时空尺度分析，本章探讨了游客流动在不同的时空尺度下的特征及其演化过程，从而实现了对多时空尺度下游客流动规律的揭示，为“流”空间的多尺度分解和综合把控提供了理论参考。针对苏州、苏锡常地区和长三角地区分别进行2010年、2014年和2018年的日、月、年及不同流量约束和不同距离约束的分析，从而实现了对苏州、苏锡常地区和长三角地区的游客流动在日度尺度、月度尺度和年度尺度及不同流量约束和不同距离约束下演化规律的揭示。结果表明，在日度尺度上，对于苏州地区来说，入境游客流动呈现较为明显的以老城区中心景区节点为核心、向城市内部和外围节点延伸的放射性特征。对于苏锡常地区来说，苏州城市内部节点间的流量始终占据较大比例，尽管尺度已从原来的苏州城市内部扩大到苏锡常地区，但苏州内部核心节点依然能够构成对跨城市节点的影响，形成了以苏州内部中心节点为核心、向城市内部外围节点及城市外部节点延伸的放射性特征。对于长三角地区来说，不仅城市内部景区节点随着时间推移而显著增多，跨城市节点间的联系也明显增强。

与日度尺度的流动网络相比，月度和年度尺度下的流动网络变得相对稳定且更为复杂，总体上呈现的流动特征与日度尺度存在相似性，差异性主要体现在节点间的流量和数量的变化，跨城市的节点联系变得越来越明显，对于尺度相对较大的长三角地区而言，跨城市的节点间联系越密切，则区域旅游发展态势越均衡，但早期的城市间流量相对较低，主导流动网络变化和发展的依然是城市内部节点。因此，可以看出，入境流动网络结构的演化过程，本质上是城市内部节点和城市间节点之间的博弈过程，在这个博弈的过程中，核心节点的地位和作用也在发生变化。随着尺度的增大，这种核心的地位相对降低，对于流动网络的控制和主导力度也相对降低，但不得不说，核心节点的集聚和辐射能力无论在城市内部还是在城市间，所起到的作用是毋庸置疑的。

针对多空间尺度的演化分析，在不同的流量约束下，苏州、苏锡常地区和长三角地区的流动网络发生了较大变化，主要体现在：苏州城市内部节点间由于受到流量的约束，节点及节点间的路径发生较大改变，流动网络的空间结构亦会随着流量约束条件的变化而不断发生改变，但在苏州内部，这种变化并不突出，“核心—边缘”结构始终存在，这与苏州内部景区节点的高度集中分布有关，因此，苏州城市内部节点的流动网络始终以姑苏老城区的中心节点为核心，向周边放射性地发散，在空间上形成“锥子形”的空间结构。相比较苏州而言，苏锡常地区在流量的约束下，呈现出以苏州城市内部中心景区为核心、向城市内部的外围节点及城市外部节点延伸的放射性特征，空间上形成“核心—多点”的空间结构。相对于苏州和苏锡常地区，长三角地区在不同流量的约束条件下内部结构特征越来越明晰，随着时间的推移，不同城市内部节点和节点间的跨城市联系密切，城市间的流量变化也越来越明显，在这场博弈的过程中，城市内部节点间流量始终占据主导地位，支配和控制着流动网络的稳定发展，在空间上形成了以上海、南京、杭州、苏州、宁波等城市内部中心节点为核心，城市内部节点及跨城市节点密切联系的“多边形”空间结构。

与流量约束相比，距离的约束影响更复杂。对于苏州和苏锡常地区，本章采用了节点间的实际距离进行约束，对于长三角地区则采用了游客流动的实际轨迹距离进行约束。从研究的结果来看，在节点间实际距离约束下的苏州和苏锡常地区，随着距离的不断增加，流动网络表现的空间特征越来越明晰，距离越短，被保留的节点间流量往往越大，反之，距离越长，被保留的节点间流量往往越小。在距离的约束下，苏州和苏锡常地区呈现的特征变化存在一定的相似性，但外在的空间形式表现不同。空间上，苏州由不规则形状最终演化成与流量约束相类似的“锥子形”空间结构，而苏锡常地区则由不规则形状最终演化为以苏州内部中心景区节点为核心、向外围地带的城市内部节点及城市外部节点延伸的空间结构。与苏州和苏锡常地区不同，长三角地区则采用了游客轨迹距离进行约束，这种约束所呈现的空间结构与之相反，轨迹距离越短，呈现的空间特征越明晰，反之，轨迹距离越长，则呈现的空间特征越不明晰。

第6章

入境游客流动网络的多时空尺度演化模式

游客流动是一个复杂多变的动态过程，这个过程通常受到多种因素的影响和制约。不同影响因素可能会带来差异明显的流动结果，这种流动结果往往对旅游目的地发展是至关重要的。同时，不同的影响因素又会带来游客流动的不确定性，这种不确定性不仅表现在时间尺度上，对于流动格局的空间影响也客观存在。因此，分析和探讨入境游客流动的影响因素、形成机制及演化模式，对于深化地理学的流动空间问题及尺度在地理格局演化中的影响具有重要的参考价值。一般来说，游客流动的过程并不是由某一种因素决定的，而是多种类型不同的因素相互交织作用的结果，游客的出游时间、游览路线、旅游偏好、季节变化、空间距离等都会对入境游客的出游活动产生影响，不同影响因素作用下的差异也会有明显区别。因此，本章在选择多种影响因素的基础上，进一步利用多元回归方法进行影响因素的检验和主导因素的选择，从中发现影响入境游客流动的作用过程及作用方式，这对于理清流动格局的演化过程和模式的提炼及分析将起到重要的参考依据。此外，游客流动本身作为一种流的形式存在，流动的主导方向和流动特征往往是存在客观规律的，这在游客流动的多时空尺度演化分析中已经涉及并得到解决，那么，如何在这种规律性挖掘的基础上，分析和总结提炼流动格局的演化模式及不同时空尺度下的模式体系，将是本章需要解决的重点问题。因此，对于入境游客流动网络的多时空尺度的影响因素、形成机制及演化模式的分析，将有助于明晰游客流动网络结构的演化过程及其内在形成机理，有助于分析和厘清不同影响因素间的相互作用及其作用方式，有助于揭示和提炼不同条件约束下的入境游客流动网络结构的演化模式及其动态方向，对于政府制定科学的入境游客引导策略和规范入境游客行为及组织有效的旅游线路，具有十分重要的理论和现实意义。

6.1 影响因素分析

6.1.1 多因素的综合分析

对于入境游客流动来说，流动网络的形成是由于游客途经的节点及节点间的流量组成的一种空间形态。在游览的过程中，游客的流动通常会受到多种因素的影响和作用，主要体现在自然因素和人文因素两个方面。自然因素通常是突发的自然灾害和天气变化，比如地质变化，地震、泥石流、雪崩等现象，对于游客出游及游客对景区节点的选择影响重大，游客往往会去安全系数更高的地方参与旅游活动，而自然突发事件一旦发生，游客的流动轨迹随之改变。同时，天气变化及其季节性变化也会对入境游客产生影响，如天气寒冷的冬天对游客出游及节点的选择也会带来较大影响。对于人文因素的分析，通常涉及的因素较多，比如资源条件、区位交通、经济发展、市场需求、景区类型、地方文化、生态环境、政府行为、重大事件、汇率变化及国家政策等都会对入境游客流动产生较大影响，但这些因素也不全是主导因素。当前，学界在对流动性因素的分析中更多地涉及资源禀赋、区位交通、市场需求、经济发展等，当然还涉及入境游客的自身属性和个人偏好等，受教育程度及性别、个人的经济条件及所属的国籍、对我国景区类型的接受程度和旅游服务等，都会影响到游客对不同景区节点的选择，从而影响到游客的流动轨迹和游览路径。

6.1.2 主导因素的提炼与检验

综合上述分析，影响入境游客流动变化的因素较多，主要受制于自然因素和人文因素，同时，结合学界对游客流动影响因素的相关研究和尺度选择的客观现实情况及考虑到可以量化的情况下，最终选择了资源禀赋、区位交通、经济发展、市场需求、基础设施、政府行为六个因素作为分析和揭示入境游客流动网络多时空尺度演化的主导因子。同时，考虑到游客流动网络涉及的指标较多，网络密度、网络中心度、节点流量、外向度中心势、结构洞等多项指标都能或多或少地反映和表征游客流动的网络形态，但是相比较而言，网络中心度反映的是网络中节点的中心程度和对其他节点的控制能力的大小，能够较好地体现流动网络的稳定态势和网络发展程度。因此，本章选择网络中心度、流入度、流出度来表征入境游客流动网络，中心度的大小反映流动网络结构的演化过程及动态特征，对于中心度的计算在第 4 章中已有所涉及，内容包括不同节点的流入度和流出度及中心度等相关指数，而对于苏州、苏锡常地区和长三角地区来说，将内部所有节点流入度和流出度及中心度的平均值作为区域流入度和流出度及中心度的表征，对不同影响因素进行量化关系分析。

6.1.3 模型构建与指标选取

6.1.3.1 模型构建

入境游客流动网络涉及中心度、流入度和流出度要素，对这三个要素进行多因素的影响分析，需要建立数学模型，以此探究多种因素影响下的流动网络变化。要想实现对以上三个要素变化和多种因素关系的量化分析，需要在理清内在关系的基础上进行多元分析，这就要求建立多元回归分析模型，将区域网络中心度、流入度和流出度作为被解释变量，资源禀赋、区位交通、经济发展、市场需求、基础设施、政府行为六个因素作为解释变量，同时考虑到解释变量与被解释变量间存在线性关系，这就要求进行多元线性回归分析。目前，这种方法已经被学界认可并广泛应用于多种领域。具体分析模型如下：

$$Y_i = \beta_0 + \beta_j \sum_{j=1}^{k} X_{ij} + \mu_i \tag{6-1}$$

式中，Y_i 表示第 i 个被解释变量，$i=1, 2, \cdots, n$；X_{ij} 表示第 i 个解释变量；β_0 代表常数项；k 代表解释变量的数目；β_j 代表相关变量的回归系数，表示被解释变量对各驱动因素的弹性变化，其中 $j=1, 2, \cdots, k$；μ_i 表示误差项。入境游客流动是多种因素影响的结果，多元线性回归能够很好地体现多种解释变量与被解释变量间的关系，对于理清双方关系的变化结果具有很好的解释效果。

6.1.3.2 指标选取

为了进一步考量入境游客流动网络的影响因素及其与网络中心度、流入度和流出度间的关系，分别对苏州、苏锡常地区和长三角地区进行模型构建。根据第 4 章中已经计算出的网络中心度、流入度和流出度的结果，以 2010 年、2014 年和 2018 年的数据为基础数据，以网络中心度（Y_1）、流入度（Y_2）和流出度（Y_3）作为被解释变量，选取资源禀赋、区位交通、市场需求、经济发展、政府行为、基础设施作为解释变量构建多元线性回归模型。

多元线性回归模型是在不同的解释变量与被解释变量间建立一种线性关系，本章涉及三个不同的被解释变量，而对于解释变量，考虑到上述六大因素又可以细分为多种指标来表征，因此，在对不同尺度下的解释变量与被解释变量进行分析时，解释变量的细分对于深化和提升线性关系的表达具有重要价值。资源禀赋通常反映了一个城市（或地区）的资源条件，往往是这个城市或地区旅游业发展的重要基础，体现了该城市或地区旅游业开发的潜力和价值，采用 A 级旅游景区数量（X_1）和 3A 级及以上景区占 A 级景区的比例（X_2）表征。区位交通反映了一个城市或区域的可进入性，区位交通条件越好，城市或地区的可达性越高，对于旅游业发展越有利。从现有的交通数据来看，公路里程数、高速里程数和高铁里程数可直接获得，考虑随着高速公路和城际高铁的快速发展，越来越多的游客选择高速公路或高铁出游。因此，本章采用高速路网密度（X_3）和高速公路网络密度（X_4）来衡量。市场需求是反映旅游业发展潜力和水平的重要指标，市场需求越旺盛，对于旅游业发展的要求也就越高，对于旅游产品的开发质量和品质要求也就越高，这对于满足入境游客的多元化需求也就越有利。基础设施是满足入境游客的旅游需求，其中住宿和接待设施是衡量旅游基础设施水平的重要指标，本章选取星级酒店数量（X_5）、旅行社数量（X_6）表征旅游基础设施水平。经济发展考虑投入和需求两个方面，选取 GDP（X_7）、人均 GDP（X_8）、城镇化率（X_9）和实际使用外资（X_{10}）四个指标表示，其中城镇化率采用人口城镇化率（非农业人口/总人口）。市场需求是反映本地市场规模和旅游吸引力的重要指标，选取旅游人次（X_{11}）、旅游总收入（X_{12}）、人口密度（X_{13}）和可自由支配收入（X_{14}）表征。政府行为对入境游客流动的形成具有宏观引导和调控作用，政府部门一般通过产业规划和扶持政策进行空间和功能引导，选取三次产业结构（X_{15}）和社会固定资产投资（X_{16}）进行表征。

6.1.3.3 主成分分析

本书在进行线性回归分析前，对指标要素进行降维处理和共线性诊断，结合因子分析和主成分分析法解决多重共线性问题，剔除共线性强的指标。

共线性诊断是针对自变量观测数据组成的矩阵 $x^T x$ 所进行的分析，其反映相关性的指标通常有方差膨胀因子（VIF）、条件指数及方差比例等。一般来说，若 VIF > 10，则说明变量间存在很强的共线性；条件指数在 10

和30之间为低水平相关，30和100之间为中水平相关，大于100则为高水平相关；在较高的条件指数中，由方差比例超过0.5的自变量构成的变量子集就是相关变量集。因子分析法是解决变量间信息高度重叠和高度相关问题的主要方法，其检验方法主要有相关系数矩阵、反映像相关矩阵、巴特利特球度检验、KMO检验。主成分分析的基本思路为：通过观察 n 个样本，得到被解释变量 y 和 z 个自变量 x_1，x_2，ε，x_z的关系，令解释变量 $x_0=(x_1, x_2, \varepsilon, x_z)$ 的相关系数矩阵为 H。该方法完全不考虑被解释变量 y，而是单独考虑解释变量间的重要性程度。具体如下：

一是求解 H 的前 t 个特征值（该特征值不为零）$\lambda_1 \geqslant \lambda_2 \geqslant z \geqslant \lambda_m > 0$ 及其特征向量 $T=(\nu_1, \nu_2, z, \nu_t)$。

二是求解 t 个主成分：$F_h = x_0\nu_r$，$r=1, 2, z, t$。

6.1.3.4 结果分析

通过主成分分析得到的可以概括被解释变量的大部分信息的因子有：3A级及以上景区占A级景区的比例（X_2）、人均GDP（X_8）、城镇化率（X_9）、实际使用外资（X_{10}）、高速路网密度（X_3）、旅游人次（X_{11}）、人口密度（X_{13}）、可自由支配收入（X_{14}）、三产占比（X_{15}）。将上述指标标准化后的数据导入SPSS，选择分析—回归—线性对2010年、2014年和2018年的相关数据进行多元线性回归模型拟合，考虑到涉及苏州、苏锡常地区及长三角地区，为了简化过程，选择苏州作为代表进行相关运算，分析结果见表6-1。

表6-1　多元线性回归模型拟合结果

解释变量	被解释变量		
	网络中心度（Y_1）	流入度（Y_2）	流出度（Y_3）
3A级及以上景区占A级景区的比例（X_2）	0.563***		0.143***
人均GDP（X_8）	0.487*	0.187**	1.320*

续表

解释变量	被解释变量		
	网络中心度（Y_1）	流入度（Y_2）	流出度（Y_3）
城镇化率（X_7）	-0.225*	0.535***	0.228*
实际使用外资（X_8）			1.125*
高速路网密度（X_3）	0.639***	0.637***	0.532*
旅游人次（X_{11}）	0.726**	-0.016*	0.628**
人口密度（X_{13}）	0.032***	-0.133**	0.133*
可自由支配收入（X_{14}）	0.053*	0.513*	
三产占比（X_{15}）	0.027*	-0.320*	0.273*
常数项		0.327***	83.220***
调整后 R^2	0.983	0.829	0.736

注：*、** 和 *** 分别代表在 10%、5% 和 1% 的水平上显著。

由表 6-1 可知，网络中心度（Y_1）、流入度（Y_2）和流出度（Y_3）作为被解释变量与 3A 级及以上景区占 A 级景区的比例（X_2）、人均 GDP（X_8）、城镇化率（X_7）、旅游人次（X_{11}）、人口密度（X_{13}）、可自由支配收入（X_{14}）、三产占比（X_{15}）的回归系数均通过了 10% 的显著性检验，调整后 R^2 为 0.983，说明模型拟合度较高，达到了预期效果。从表 6-1 可以看出，旅游人次和 3A 级及以上景区占 A 级景区的比例影响程度较大，这两个指标都是旅游数据，资源禀赋条件的优越对入境游客直接产生吸引作用，一般而言，旅游人次越高，说明旅游业越发达，对于入境游客来说，这同样有效。高速路网密度的影响也较大，说明交通可达性对游客吸引力的重要程度，也是提升游客可进入性的重要条件。此外，可自由支配收入往往反映一个地区的经济发展水平，可自由支配收入越高，经济条件越好，对于所在地的旅游投资的可能性就越大。

6.2 形成机制分析

6.2.1 作用方式与过程

游客流动在不同的时空尺度下通常表现出不同的特征，而流动的变化往往是由多种因素共同作用的结果。结合本章6.1节对影响因素的量化分析，可以看出，资源禀赋、区位交通、市场需求、经济发展、政府行为、基础设施六大因素对入境游客在不同的时空下产生影响和发生作用，正是这些因素的存在，客观上造成入境游客流动在多时空尺度下发生变化。

资源禀赋作为旅游业发展的重要基础，不仅提供了吸引游客的能力，还能够作为区域性的旅游符号性产品而存在。入境游客通常会选择知名度较高和市场影响力较强的景区节点，资源禀赋好的地方往往会成为游客的优先选择，此时的资源禀赋已经不仅仅是一种优良的资源条件，更是对市场具有号召力和感召力的符号性产品，对于游客的景区节点选择直接产生作用力，促使游客前往这些目的地进行旅游活动。此外，我们还能发现，资源禀赋条件良好的城市或区域，往往更容易围绕符号性产品进行精品线路的组织和设计及相关旅游配套的完善，这在无形中提高了游客前往这些目的地旅游活动的概率，从而引导游客向具有符号性产品的景区节点流动。

区位交通作为景区节点可进入性难易程度的衡量标准，交通条件的优越及发达程度在一定程度上改变着景区节点联系的广度和深度。良好的区位交通往往能够带来更多的客流，不仅体现在游客人数增加上，最重要的是能够缩小游客的心理距离，提升游客前去旅游的可能性并满足游客的心理诉求，这对于入境游客来说具有很强的吸引力。交通体系的完善和景区节点的可进入性，在很大程度上决定了这个景区节点是否能有更多的客源。此外，区位交通的变化往往也会带来旅游活动区位的变化，景区经营投资者更愿意投资交通区位良好的景区节点，从而实现对景区投资风险的降低和效益预期的提高。

经济发展作为景区发展的原始动力，良好的经济条件不仅可以为景区发展提供资金保障，还为各种旅游活动的正常运行提供了可能，为景区产品品质的提升和内涵的丰富提供了重要保障。此外，在经济发展水平较高的城市或地区，一般而言，景区通常更具有改善基础配套和提升旅游服务的能力。入境游客的旅游活动不仅是在欣赏和体验景区带来的产品，更是对景区节点综合服务能力的认可，这样的景区节点往往能够成为入境游客的理想选择。

市场需求是景区产品提质升级的重要参考指标。入境游客往往会选择产品质量高、类型丰富的景区，这些景区通常在城市或区域内具备较高的影响力和知名度。随着市场需求的不断提升，这些景区为了满足游客的多样化需求，往往会在最短的时间内进行产品创新，并丰富旅游活动，以此吸引游客眼球，占据更大的旅游市场份额。换言之，市场需求越旺盛，这些高级别的景区节点越具有竞争力，对于入境游客来说，吸引力越强。

政府作为旅游政策的制定者和决策人，其行为不仅体现在制度和政策的制定上，还表现为可以根据市场需求和旅游业发展态势，加大对旅游业的投资力度，维护旅游市场稳定发展，打造一个安定的公共空间，这对于入境游客具有极大的吸引力。此外，政府行为中包含的土地资源的合理化配置、项目开发的可行性分析及围绕景区旅游发展给予的相关制度安排和制度供给等，为景区发展提供了便利条件，为入境游客的到来做好了前期铺垫。但由于各级政府的办事效率和对市场的把控力存在差别，因此，能够适应景区未来发展变化的政府行为，往往能够打造出更为优质的景区节点。

基础设施作为开展旅游活动必要的设施设备和活动空间，是旅游服务能力的重要体现，良好的基础设施，能够带来优质的旅游服务，在同等条件下，基础设施优良的景区节点，往往能够带来更大的客流，能够得到游客的认可，这是景区提高游客满意度的重要体现，不仅适合国内游客，对入境游客同样适合。一般而言，高等级的景区往往具备良好的基础设施，对于游客具有较大的吸引力，因此，加大对基础设施的配套和质量提升，成为景区旅游发展至关重要的一个环节。

6.2.2 作用机理分析

通过上述分析可以发现，资源禀赋、区位交通、市场需求、经济发展、政府行为、基础设施能够对入境游客的流动过程产生作用。入境流动多时空尺度的演化是多种因素共同作用的结果，因此，有必要从多因素视角出发，探究这些因素对入境游客流动的综合影响和作用机理。本节依然采用以网络中心度（Y_1）、流入度（Y_2）和流出度（Y_3）作为被解释变量，选取资源禀赋（*RESO*）、区位交通（*TRAN*）、市场需求（*MARK*）、经济发展（*ECON*）、政府行为（*SYST*）、基础设施（*INFR*）作为解释变量。考虑到多种因素的综合作用，本章采用数据分析软件 STATA 中的两种单位根检验（IPS 和 LLC）的方法对原始数据进行稳定性检验（见表6－2），进一步确定数据的稳定性并防止“伪回归”的出现，以此探究多因素对游客流动的作用过程。

表6－2　数据的平稳性检验

变量	IPS			LLC			结论
	检验形式（C，T，L）	IPS－W统计量	P值	检验形式（C，T，L）	LLC－T统计量	P值	
Y_1	(1，1，0)	－13.33	0.000	(1，1，1)	－18.23	0.000	平稳
Y_2	(1，1，1)	－8.75	0.000	(1，1，1)	－15.76	0.000	平稳
Y_3	(1，1，1)	－9.62	0.000	(1，1，1)	－13.28	0.000	平稳
ln*ECON*	(1，1，1)	－83.66	0.000	(1，1，1)	－85.27	0.000	平稳
ln*MARK*	(1，1，1)	－27.43	0.000	(1，1，1)	－66.33	0.000	平稳

续表

变量	IPS			LLC			结论
	检验形式（C，T，L）	IPS－W 统计量	P 值	检验形式（C，T，L）	LLC－T 统计量	P 值	
ln*TRAN*	（1，1，1）	－12.73	0.000	（1，1，1）	－15.26	0.000	平稳
ln*INFR*	（1，1，1）	－13.55	0.000	（1，1，1）	－13.37	0.000	平稳
ln*RESO*	（1，1，1）	－12.16	0.000	（1，1，1）	－12.51	0.000	平稳
ln*SYST*	（1，1，1）	－11.27	0.000	（1，1，1）	－10.13	0.000	平稳

考虑到对同一解释变量进行分析时往往存在内生性问题，因此，采用广义矩估计方法（generalizad method of moments，GMM）中的一步系统进行数据处理，从而避免内生性问题（见表 6－3）。从表中可以看出，流动网络的中心度受到经济发展、区位交通、资源禀赋、市场需求、政府行为、基础设施六要素的显著的正向影响，其中，经济发展和区位交通对游客流动的影响最大；网络的流入度主要受到经济发展、区位交通、市场需求和基础设施四个要素显著的正向影响，而经济发展的影响作用最大；流出度主要受到市场需求、区位交通、资源禀赋和基础设施四个因素显著的正向影响，而市场需求的影响作用最大。

表 6－3　　解释变量与被解释变量间的 GMM 估计结果

	估计结果 Ⅰ	估计结果 Ⅱ	估计结果 Ⅲ	估计结果 Ⅳ	估计结果 Ⅴ	估计结果 Ⅵ
被解释变量	Y_1	Y_2	Y_3	Y_1	Y_2	Y_3
估计方法	随机效应	固定效应	固定效应	GMM 一步	GMM 一步	GMM 一步
ln*ECON*	0.073** （6.23）	0.045** （4.17）	0.043* （4.22）	0.062 （5.23）	0.032** （1.27）	0.035 （1.34）
ln*MARK*	0.048** （4.33）	0.032** （3.56）	0.037** （3.28）	0.045 （4.27）	0.022* （0.21）	0.025** （0.20）

续表

	估计结果Ⅰ	估计结果Ⅱ	估计结果Ⅲ	估计结果Ⅳ	估计结果Ⅴ	估计结果Ⅵ
ln*TRAN*	0.055** (4.54)	0.025** (2.33)	0.023** (2.56)	0.048* (4.23)	0.017 (2.12)	0.020** (2.15)
ln*INFR*	0.043** (3.22)	0.027** (2.61)	0.022** (2.19)	0.040** (3.17)	0.013 (0.28)	0.011* (0.25)
ln*RESO*	0.037** (3.10)	0.020 (1.77)	0.023** (1.82)	0.034** (3.12)	-0.232 (-0.65)	-0.108 (-1.53)
ln*SYST*	0.016** (2.18)	0.010 (1.55)	0.012* (1.28)	0.013 (2.13)	0.011* (2.01)	0.009 (1.87)
常数项	0.015** (0.223)	-0.022 (-1.23)	-0.016 (-1.56)	0.012 (0.220)	0.005 (0.36)	-0.132 (-0.22)
拐点	3.27	4.17	4.28	3.33	3.18	3.22
Observations	180	180	180	180	180	180
Hausman 检验	—	75.23***	15.36**			28.66
Arellano - Bond AR（1）检验	—	—	—	0.002	0.007	0.000
Arellano - Bond AR（11）检验	—	—	—	0.533	0.827	0.928
Sargan 检验	—	—	—	0.000	0.136	0.000

注：***、**和*分别表示在1%、5%和10%的水平上显著。

6.3 网络结构的演化模式构建

6.3.1 时间尺度模式构建

对于模式的分析建立在格局分析基础上的综合把握和提炼，从第5章的相关分析结论中可以发现，游客流动在多时空尺度上形成了较为明显的空间结构（见图 6－1）。在时间尺度上，主要对入境游客流动进行了日度、月度及年度尺度的综合分析。对于苏州来说，对日度尺度、月度尺度和年度尺度进行综合对比分析后发现，其入境游客流动网络总体上呈现“一核多点”的空间结构模式，“一核”是指姑苏古城区，景区节点数量众多，景区级别较高，而且区内存在多个旅游核心节点，始终主导和支配着整个流动网络的演化过程和方向。需要指出的是，随着时间尺度的变化，“多点”发生了较大改变，由 2010 年的向北拓展，逐步转向 2014 年的向南拓展，到 2018 年，呈现出由姑苏古城区分别向东北方向、西南方向和东南方向拓展的特征，其中的原因在于，姑苏城区作为苏州城市内部旅游集聚的场所，高级别的景点高度集中，且享有较高的知名度，具备良好的旅游本底优势。但随着时间的推移，周边地区在不断接收核心辐射的同时，也迎来了自身的旅游发展，逐步迈向相对较高的水平，客观上分散了古城区原有的部分旅游者，形成了与古城区旅游发展并存的局面。尽管这种分散的趋势越来越明显，但姑苏古城区始终处于核心节点位置，控制着流动网络的演化过程和变化趋势，这也是其核心节点的地位和作用所决定的，“一核多点”的空间结构模式始终存在于苏州城市内部。

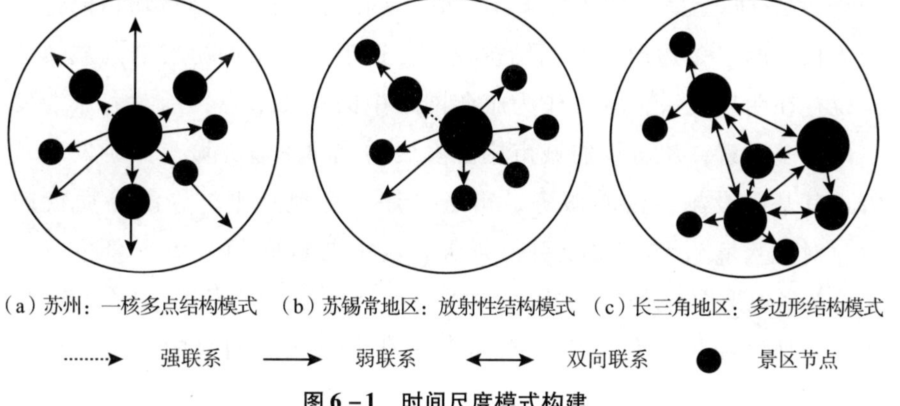

图 6－1　时间尺度模式构建

对于苏锡常地区来说，苏州城市内部节点间的流量始终占据较大比例，尽管尺度已从原来的苏州城市内部扩大到苏锡常地区，但苏州内部核心节点依然能够对跨城市节点产生影响，形成了以苏州古城区中心节点为核心、向城市内部外围节点及城市外部节点延伸的放射性特征。其原因在于，苏锡常地区作为上海旅游发展的重要嫁接点，承载和转移了部分上海城市旅游的功能，分流了一批入境旅游者，但苏州不仅在地域上接近上海，更为重要的是，苏州较之无锡和常州，更具备旅游发展的文化底蕴和资源优势，作为吴文化的核心地区和中国园林城市的典型代表，加上“上有天堂，下有苏杭”的美誉，在吸引入境旅游者方面具备天然的优势。从三个不同时间尺度的流动特征和流量大小来看，苏州古城区主要节点与其他节点间流量明显较大，在整个流动网络中始终占据明显优势，主导着整个流动网络的变化态势，扮演着向无锡和常州转移流量的角色。随着时间的不断推移，这种向城市外部节点延伸的放射性特征日益明显。

对于长三角地区来说，随着时间的变化，景区节点间的游客跨城市流动现象变得愈加明显，尤其体现在上海、杭州、南京、苏州和宁波等城市，无论在节点的数量和流量上都呈现增大态势，入境游客的游览路径也变得多样化，正是这种相对复杂的流动特征主导着流动网络的不断演化，在空间上呈现出以上海、杭州、南京、苏州和宁波等城市内部节点为核心的“多边形”空间结构模式。这也与城市旅游发展的规模和地位存在明显关系，城市作为旅游网络中的重要节点，承载着旅游发展的诸多要素，从多年的城市旅游发展的规律来看，城市旅游发展越好，其基础设施、旅游服务、市场秩序、管理水平、旅游品质就越好，对于入境旅游者的吸引力越大，城市节点间的入境流量也就越大，“多边形”空间结构模式的特征也就越显著。当然，尽管苏州、苏锡常地区和长三角地区在空间上均呈现出相对明显的空间结构特征，但相比较而言，长三角地区的入境游客流动特征更明显且最稳定，苏州和苏锡常地区稳定性相对较弱，主要体现在随着时间的更替，尽管以古城内部节点为核心始终保持不变，但多点的分布相对随机。

6.3.2 空间尺度模式构建

结合第5章的分析，入境游客流动在空间尺度的演化上主要体现在流量约束和距离约束两个方面。在不同流量的约束下，苏州、苏锡常地区和长三角地区的流动网络发生了较大变化（见图6-2），体现在苏州城市内部节点间由于受到流量的约束，节点及节点间的路径发生较大改变，“核心—边缘”结构始终存在。苏州城市内部节点的流动网络始终表现出以姑苏古城区的中心节点为核心、不断向外围地带节点延伸的放射性特征，呈现出相对稳定的“锥子形”空间结构模式。这种空间结构模式具体表现为：姑苏古城区作为流动网络的核心，是苏州流动节点的主要集聚区，在流动规模上处于较高位置，位于东南方向的金鸡湖景区，近年来旅游竞争优势明显，商务旅游特色显著，成为入境旅游发展的重要增长极，成为流动网络“锥子形”结构模式的重要节点之一。此外，周庄和同里作为江南水乡古镇的典型代表，以其古镇特色吸引着旅游者前来体验，成为旅游者游览苏州的重要目的地，在流量上也同样处于相对较高的位置，在流动网络中占据着极其重要的地位。与苏州相比，苏锡常地区在流量的约束下，呈现出以苏州城市内部中心景区为核心、向城市内部的外围节点及城市外部节点延伸的放射性特征，空间上形成了“一核多点”的空间结构模式。对于长三角地区来说，流量的约束促使其内部结构特征越来越明晰，城市内部节点和节点间的跨城市联系密切，随着时间的推移，城市内部节点间流量始终占据主导地位，支配和控制着流动网络的稳定发展，空间上形成了以上海、南京、杭州、苏州、宁波等城市内部中心节点为核心、城市内部节点及跨城市节点间密切联系的“多边形”空间结构模式。

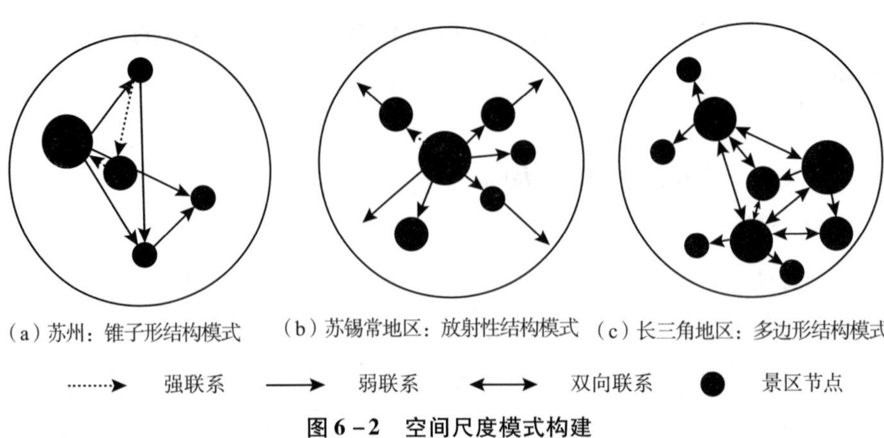

图 6－2 空间尺度模式构建

距离约束下的流动网络，主要将距离约束分为节点间的实际距离和游客轨迹距离两种方式。从研究的结果来看，在空间上，苏州由不规则形状最终演化成与流量约束相类似的“锥子形”空间结构模式，而苏锡常地区则由不规则形状最终演化为以苏州内部中心景区节点为核心、向外围地带的城市内部节点及城市外部节点延伸的放射性空间结构模式。对于长三角地区来说，在轨迹距离的约束下，轨迹距离越小，呈现的空间特征越明晰，轨迹距离越大，呈现的空间特征越不明确。因此，在距离约束下的苏州、苏锡常地区和长三角地区并未形成相对稳定的空间结构模式。

6.3.3 不同模式对比分析

尺度选择不同，往往带来演化模式的较大差异，对不同时间和空间尺度的模式形成及其对比分析，有助于理清尺度在游客流动网络中的作用和价值。从呈现的特征来看，苏州在时间和空间的多尺度下形成了相对稳定的流动模式，即以姑苏古城区为核心、向城市内部外围地带的节点延伸的放射性特征，尽管两种空间结构最终呈现的形式不同，但本质上都是确定了以姑苏古城区内节点为核心的空间结构模式。这种高度集中的集聚式发展模式对建立大苏州旅游空间格局是不利的，节点的高度集中通常会造成边缘外围地带的弱势，成为区域旅游发展均衡性的一大阻碍，未来需加强周边外围地带节点的旅游综合能力，促使苏州城市内部旅游发展向多极化方向演化，这对于苏州全面提升旅游竞争力将大有益处。此外，空间尺度模式的构建，形成了类似“锥子形”的空间结构，这种结构模式本质上也是“核心—边缘”结构的一种，因此，可以说，苏州城市内部入境游客流动形成了相对稳定的发展态势。对于苏锡常地区来说，时间尺度和空间尺度下均形成了放射性的空间结构模式，这种模式是以苏州内部中心节点为核心主导的空间形式，这对于邻近的无锡和常州而言无疑是不利的。因此，需要不断加强无锡和常州自身旅游节点的发展，全面提升苏锡常地区的市场竞争力，扭转入境旅游流主要依靠苏州转移的态势。长三角地区在时间和空间的多尺度下形成了相似的“多边形”空间结构模式，但这种模式的背后，依然隐藏着一些隐患和不利的因素，比如，这种模式的构建是城市内部节点和跨城市节点博弈的结果，但城市内部节点始终占据优势，城市间的景区节点流量处于劣势，这对于城市间游客流动的提升和区域旅游的均衡发展是不利的，未来有待进一步改善。因此，不同时空尺度下的游客流动模式的对比分析，不仅可以清晰地表明游客流动特征的差异，还有助于理清游客流动规律背后隐藏的节点间的作用及竞争态势，这对于引导流动节点和网络的变化方向无疑提供了重要的参考依据。这不仅是对新流动性范式理论内涵的有效补充，更是为深化流动节点的未来发展及其所在地域的旅游发展指明了方向。

6.4 本章小结

本章首先分析了入境游客流动多时空尺度的影响因素，通过建立多元回归模型，理清了影响入境游客流动的主导因素，以此为基础，分析和揭示了入境游客流动多时空尺度演化的形成机制。最后，对入境游客流动的多时间和多空间进行演化模式构建并进行对比分析，旨在为苏州、苏锡常地区和长三角地区入境旅游的协调及区域旅游的均衡发展提供参考依据。从影响因素和作用机理的分析来看，资源禀赋、区位交通、市场需求、经济发展、政府行为、基础设施六大因素对入境游客在不同的时空下产生影响和发挥作用。具体表现为：资源禀赋作为旅游业发展的重要基础，不仅提供了吸引游客的能力，还能够作为区域性的旅游符号性产品而存在。良好的区位交通往往能够带来更多的客流，不仅体现在游客人数的增加，最为重要的是能够缩小游客的心理距离，提升游客前去旅游的可能性并满足游客的心理诉求。经济发展不仅为景区发展提供了资金保障，还为各种旅游活动的正常运行提供了可能，为景区产品品质的提升和内涵的丰富提供了重要保障。市场需求越旺盛，这些高级别的景区节点越具有竞争力，对入境游客的吸引力越强。政府行为不仅体现在制度和政策的制定上，还表现为可以根据市场需求和旅游业发展态势，加大对旅游业的投资力度，维护旅游市场稳定发展，打造一个安定的公共空间。高等级的景区往往具备良好的基础设施，对于游客具有较大的吸引力。

此外，基于入境游客流动的多时空尺度演化特征，本章在时间尺度和空间尺度上分别构建了入境游客流动的空间结构模式。对于苏州来说，通过对日度尺度、月度尺度和年度尺度的综合对比分析后发现，入境游客流动网络总体上呈现“一核多点”的空间结构模式。在空间尺度上形成了以姑苏古城区的中心节点为核心、不断向外围地带节点延伸的放射性特征，表现出相对稳定的“锥子形”空间结构模式。苏锡常地区在时间尺度和空间尺度上均形成了以苏州古城中心节点为核心、向城市内部外围节点及城市外部节点延伸的放射性结构模式。长三角地区在时间尺度和空间尺度上均形成了以上海、杭州、南京、苏州和宁波等城市内部节点为核心的“多边形”空间结构模式。同时，本章针对不同尺度下的典型模型进行了分析，指出了不同模式下旅游发展存在的问题及未来发展方向，为不同案例地的区域协调发展提供了理论依据。

第 7 章

结论与展望

7.1 主要结论

流动性表征了旅游地域系统要素间的内在关系，深刻影响着旅游地域网络结构的演变过程和方向。游客流动不仅是基于空间组织的城市内部尺度获得游客精确轨迹的重要前提，更是基于社会经济和旅游活动密切联系的区域尺度形成的原始动力和核心表达。本书综合运用数据挖掘、社会网络分析、GIS 空间分析及 DBSCAN 聚类算法等多种分析技术和方法，以地理标记照片数据源为基础对入境游客流动网络结构的多时空尺度演化过程及其模式进行分析，尝试性地构建不同时空尺度下入境游客流动的演化模式，为游客流动的复杂网络演化提供理论参考。与此同时，本书基于对游客流动以及由此产生的节点及其网络特征的深入研究，在背景分析、数据采集与处理、分析与提炼、理论提升及总结的基础上，形成了游客流动分析和研究的基本范式，为分析和揭示游客流动的多时空尺度演化提供了重要基础。本书主要得到以下结论。

首先，运用社会网络分析技术、季节性滤波分析方法和 DBSCAN 聚类密度算法，测算入境游客流动网络的结构特征、揭示流动网络的时序特征及其空间特征，为研究入境游客流动网络的多时空尺度演化提供基础素材。

从流动节点的等级来看，对于苏州来说，拙政园、留园、北寺塔、平江路历史街区、观前街、寒山寺、虎丘、狮子林构成了游客流动网络的核心节点，在城市内部流动网络中占据主导和支配地位。对于苏锡常地区来说，拙政园、留园、虎丘、观前街、金鸡湖、平江路历史街区、灵山胜境、狮子林、寒山寺、七里山塘、盘门景区等景区构成了核心节点，支配着流动网络的变化方向。对于长三角地区来说，上海的迪士尼、西湖、夫子庙—秦淮风光带、东方明珠、拙政园、上海外滩、钟山风景区，构成了区域旅游网络中的核心节点。

从流动网络的空间特征来看，热点间的流量主要集中分布在城市内部。苏州主要集中在苏州古城区内；苏锡常地区主要集中在苏州城市内部和无锡城市内部，常州相对较低；长三角地区主要集中在上海、南京、杭州、苏州和宁波等城市的内部。苏锡常地区和长三角地区都存在节点的跨城市流动，但苏锡常地区节点的跨城市流量较低，最大流量是苏州的拙政园到无锡的灵山胜境，城市内部节点间联系始终占据主导地位。长三角地区的城市间流量明显，但节点间流量的最大值依然是从上海的东方明珠到外滩，城市内部节点间流动始终保持主导地位。

其次，通过对入境游客流动的多时空尺度分析，探讨游客流动在不同的时空尺度下的特征及其演化过程，从而实现对多时空尺度下的游客流动的规律揭示，为“流”空间的多尺度分解和综合把控提供理论参考。

针对苏州、苏锡常地区和长三角地区分别进行了2010年、2014年和2018年的日、月、年及不同流量约束和不同距离约束的分析，结果如下：在日度尺度上，对于苏州地区来说，入境游客流动呈现较为明显的以古城区中心景区节点为核心、向城市内外围节点延伸的放射性特征。对于苏锡常地区来说，苏州城市内部节点间的流量始终占据较大比例，尽管尺度已从原来的苏州城市内部扩大到苏锡常地区，但苏州内部核心节点依然能够构成对跨城市节点的影响，形成了以苏州内部中心节点为核心、向城市内部外围节点及城市外部节点延伸的放射性特征。对于长三角地区来说，城市内部景区节点随着时间的推移显著增多，而且跨城市节点间的联系也明显增强。

相比较日度尺度的流动网络，月度和年度尺度下的流动网络变得相对稳定且更为复杂，总体上呈现的流动特征与日度尺度存在相似性，差异性主要体现在节点间流量的变化和节点的数量，节点间的联系由原来的城市内部逐步发展到城市之间，跨城市的节点联系变得越来越明显。对于尺度相对较大的长三角地区而言，跨城市的节点间联系越密切，区域旅游发展态势越均衡，但早期的城市间流量相对较低，主导流动网络变化和发展的依然是城市内部节点。入境流动网络结构的演化过程，本质上是城市内部节点和城市间的节点之间的博弈过程，在这个博弈的过程中，核心节点的地位和作用也在发生变化。随着尺度的增大，核心节点的地位相对降低，对于流动网络的控制和主导力度也相对降低，但不得不说，核心节点的集聚和辐射能力无论在城市内部还是在城市间，所起到的重要作用是毋庸置疑的。

针对多空间尺度的演化分析表明，在不同的流量约束下，苏州、苏锡常地区和长三角地区的流动网络发生了较大变化，主要体现在：苏州城市内部节点间由于受到流量的约束，节点及节点间的路径发生了较大改变，但“核心—边缘”结构始终存在，苏州城市内部节点的流动网络始终以姑苏古城区的中心节点为核心，向周边放射性地发散，空间上形成了“锥子形”的空间结构。相比较苏州而言，苏锡常地区在流量的约束下，呈现出以苏州城市内部中心景区为核心、向城市内部的外围节点及城市外部节点延伸的放射性特征，空间上形成了“核心—多点”的空间结构。相对于苏州和苏锡常地区，长三角地区流量的约束促使其内部结构特征越来越明晰，城市内部节点和节点间的跨城市间联系密切，随着时间的推移，城市间的流量变化也越来越明显，在这场博弈的过程中，城市内部节点间流量始终占据主导地位，支配和控制着流动网络的稳定发展，空间上形成了以上海、南京、杭州、苏州、宁波等城市内部中心节点为核心、城市内部节点及跨城市节点间密切联系的“多边形”空间结构。

与流量约束相比，距离约束的影响更复杂。本书对于苏州和苏锡常地区采用了节点间的实际距离进行约束，对于长三角地区则采用了游客流动的实际轨迹距离进行约束。从研究的结果来看，节点间实际距离约束下的苏州和苏锡常地区，随着距离的不断增加，流动网络表现的空间特征越来越明晰，距离越小，被保留的节点间流量越大，反之，距离越远，被保留的节点间流量往往越小。在距离的约束下，苏州和苏锡常地区呈现的特征存在一定的相似性，但外在的空间形式表现不同，空间上苏州由不规则形状最终演化成与流量约束相类似的“锥子形”空间结构，而苏锡常地区则由不规则形状最终演化为以苏州内部中心景区节点为核心、向外围地带的城市内部节点及城市外部节点延伸的空间结构。长三角地区采用了游客流动的实际轨迹距离进行约束，在这种约束下所呈现的空间结构中，轨迹距离越小，呈现的空间特征越明晰。

最后，利用多元回归分析和广义矩（GMM）估计方法进行影响因素的检验和主导因素的选择，从中发现影响入境游客流动的作用过程及作用机理，并以此为基础，构建多时空尺度的游客流动演化模式，为旅游流动的复杂网络演化提供理论参考。

从影响因素和作用机理的分析来看，资源禀赋、区位交通、市场需求、经济发展、政府行为、基础设施对入境游客在不同的时空下产生影响和发生作用。其中，资源禀赋不仅提供了吸引游客的能力，还能够作为区域性的旅游符号性产品而存在。良好的区位交通往往能够带来更多的客流，不仅体现在游客人数增加上，最为重要的是能够缩小游客的心理距离。经济发展不仅为景区发展提供了资金保障，还为各种旅游活动的正常运行提供了可能，为景区产品品质的提升和内涵的丰富提供了重要保障。市场需求越旺盛，这些高级别的景区节点越具有竞争力，对于入境游客的吸引力越强。政府行为不仅体现在制度和政策的制定上，还体现在政府可以根据市场需求和旅游业发展态势，加大对旅游业的投资力度，维护旅游市场稳定发展，打造一个安定的公共空间。高等级的景区往往具备良好的基础设施，对于游客具有较大的吸引力。

本书从时间尺度和空间尺度分别构建了入境游客流动的空间结构模式。对于苏州来说，通过对日度尺度、月度尺度和年度尺度的综合对比分析后发现，入境游客流动网络总体上呈现“一核多点”的空间结构模式，在空间尺度上形成了以姑苏古城区的中心节点为核心、不断向外围地带节点延伸的放射性特征，表现出相对稳定的“锥子形”空间结构模式。苏锡常地区在时间尺度和空间尺度上均形成了以苏州古城中心节点为核心、向城市内部外围节点及城市外部节点延伸的放射性结构模式。长三角地区在时间尺度和空间尺度上均形成了以上海、上海、杭州、南京、苏州和宁波等城市内部节点为核心的“多边形”空间结构模式。可以说，苏州城市内部入境游客流动形成了相对稳定的发展态势。苏锡常地区在时间尺度和空间尺度上均形成了放射性的空间结构模式，这种模式是以苏州内部中心节点为核心主导的空间形式，这对于邻近的无锡和常州而言，无疑是不利的。长三角地区在时间和空间的多尺度下形成了相似的“多边形”空间结构模式，但这种模式是城市内部节点和跨城市节点间博弈的结果，城市内部节点始终占据优势地位，城市间的景区节点流量处于劣势，这对城市间游客流动的提升和区域旅游的均衡发展不利，未来有待进一步改善。

7.2 创新之处

本书利用数据挖掘的技术方法获取地理标记照片的入境游客数据信息，构建游客流动的数据集并对其信息进行归类与提炼，有别于以往获取旅游流数据的方式，实现了地理空间向网络虚拟空间转向；借助多种分析方法探讨游客流动特征与网络空间，避免了以往单一分析方法带来的局限与不足，实现了对游客流动研究分析方法的综合与突破；运用多时空尺度分析游客流动规律及其演化模式，避免了以往忽视尺度带来的理论混淆，实现了对尺度研究的理论内涵提升。本书的创新之处主要体现在理论内涵和研究方法两个方面。

一是理论内涵创新：多时空尺度的旅游流动规律挖掘。本书聚焦于在多时空尺度下研究入境游客流动特征，分别从不同时间尺度和不同空间尺度探讨了入境游客的多时空尺度特征、格局及其作用机理，对不同时空尺度的游客流动规律进行了综合对比与归纳提炼，在游客流动的多尺度规律的有效揭示与全面总结方面实现了理论内涵上的创新与突破。具体表现为：苏州城市入境游客流动网络在时间尺度上总体上呈现“一核多点”的空间结构模式，空间尺度上形成了以姑苏古城区的中心节点为核心、不断向外围地带节点延伸的放射性特征，表现出相对稳定的“锥子形”空间结构模式。苏锡常地区在时间和空间尺度上均形成了以苏州古城中心节点为核心、向城市内部外围节点及城市外部节点延伸的放射性结构模式。长三角地区在时间尺度和空间尺度上均形成了以上海、杭州、南京、苏州和宁波等城市内部节点为核心的“多边形”空间结构模式。

二是研究方法创新：多种技术方法的综合集成研究。本书综合运用数据挖掘技术、GIS 空间分析技术、社会网络分析技术、DBSCAN 聚类密度算法、主成分分析、广义矩估计方法（GMM）等多种技术分析方法，探讨入境游客流动网络的多时空尺度特征及其演化模式，分析和揭示了入境游客流动多尺度变化的内在机理与作用方式，综合对比和抽象归纳及构建典型模式，为游客流动和旅游行为研究的多时空分析和多尺度研究提供了有益的研究途径和方法借鉴。具体表现为：利用数据挖掘和 GIS 空间分析技术，分析了苏州、苏锡常地区和长三角地区入境游客的地理标记照片空间位置信息，为流动网络的构建提供了数据基础；利用社会网络分析技术和 DBSCAN 聚类密度算法，分析了苏州、苏锡常地区和长三角地区游客流动网络结构特征及其热点空间特征，为流动网络的规律性揭示提供了量化依据；利用主成分分析和广义矩估计方法（GMM），分析了游客流动网络多时空尺度演化的影响因素及其作用机理，为游客流动网络多时空尺度的演化过程及其形成机制的有效揭示提供了理论依据。

7.3　不足与展望

首先，多尺度所处的内在和外在因素存在差异，使在多时空尺度下进行主导因素的分析和提炼成为难点之一。本书涉及苏州、苏锡常地区和长三角地区，随着尺度的变化，入境游客流动的影响因素客观上也随之发生改变，但考虑到研究对象都是景区节点，无论是苏州城市内部的景区节点，还是苏锡常地区的景区节点，研究对象存在一致性，但尺度的加大会带来不确定因素的干扰，这给本书涉及的影响因素的选择和量化分析带来了困难。

其次，与传统数据相比，网络大数据提供了较好的数据源，但对象群体往往存在一定的局限性，对于全面分析和综合把控流动网络的变化可能会带来挑战，这也成为本书研究的难点之一。

大数据的兴起和应用为旅游研究带来了一场技术革命，极大地推动了学科领域的深化，但这些数据是网络数据，对于网络数据的全面获取和对象认知存在难度，未来需要加大与其他数据源的融合，促使研究内容更加全面和深入。

最后，未来研究应在统计数据或问卷数据的基础上，进一步结合网络大数据分析手段，利用网络数据进行流动特征及流动规律的有效揭示，并将这种研究结论与统计数据的相关结论进行验证与对比。

游客流动分析不仅需要以统计数据或问卷数据作为基础，同时还需要结合当前流行的网络大数据进行综合对比分析，以验证网络数据与传统的统计数据或问卷数据分析的相关结论，为游客流动研究的不断深化提供新的方法。

主要参考文献

［1］保继刚，楚义芳．旅游地理学［M］．北京：高等教育出版社，2012.

［2］保继刚，郑海燕，戴光全，等．桂林国内客源市场的空间结构演变［J］．地理学报，2002，57（1）：96－106.

［3］卞显红．长江三角洲城市入境旅游流区域内流动份额分析［J］．人文地理，2007，22（2）：32－38.

［4］柴彦威，刘天宝，塔娜．基于个体行为的多尺度城市空间重构及规划应用研究框架［J］．地域研究与开发，2013，32（4）：1－7.

［5］陈超，刘家明，马海涛，等．中国农民跨省旅游网络空间结构研究［J］．地理学报，2013，68（4）：547－558.

［6］陈刚强，李映辉，刘娟．中国入境旅游规模分布特征及其变化［J］．地理研究，2011，30（6）：1044－1054.

［7］陈浩，陆林，郑嬗婷，等．基于旅游流的城市群旅游地旅游空间网络结构分析——以珠江三角洲城市群为例［J］．地理学报，2011，66（2）：257－266.

［8］陈宁，彭霞，黄舟．社交媒体地理大数据的旅游景点热度分析［J］．测绘科学，2016，41（12）：167－171.

［9］陈晓艳，张子昂，胡小海，等．微博签到大数据中旅游景区客流波动特征分析——以南京市钟山风景名胜区为例［J］．经济地理，2018，38（9）：206－214.

［10］陈秀琼，黄福才．基于社会网络理论的旅游系统空间结构优化研究［J］．地理与地理信息科学，2006，22（5）：75－80.

[11] 程海峰，胡文海．池州市A级旅游景区空间结构［J］．地理科学，2014，34（10）：1275－1280.

[12] 戴斌，蒋依依，杨丽琼，等．中国出境旅游发展的阶段特征与政策选择［J］．旅游学刊，2013，28（1）：39－45.

[13] 戴光全，陈欣．旅游者摄影心理初探——基于旅游照片的内容分析［J］．旅游学刊，2009，24（7）：71－77.

[14] 丁娟，李俊峰．基于Web地理图片的中国入境游客POI空间格局［J］．经济地理，2015，35（6）：30－36.

[15] 范梦余，陈怡宁，张辉．呼伦贝尔游客POI空间格局与移动轨迹研究——基于地理标记照片的实证分析［J］．干旱区资源与环境，2019，33（6）：203－208.

[16] 方叶林，黄震方，涂玮，等．社会网络视角下长三角城市旅游经济空间差异［J］．热带地理，2013（2）：212－218.

[17] 荀思远，李钢，张可心，等．基于自媒体平台的“旅游者”时空行为研究——以W教授的微信“朋友圈”为例［J］．旅游学刊，2016，31（8）：71－80.

[18] 苟雨君，何孝凡，苏振宇．国土空间规划视角下区域旅游空间结构识别与规划路径［J］．经济地理，2023，43（4）：185－193.

[19] 郭风华，王琨，张建立，等．成都“五朵金花”乡村旅游地形象认知——基于博客游记文本的分析［J］．旅游学刊，2015，4（20）：84－94.

[20] 郭峰，吴晋峰，王鑫，等．基于SNA的西安入境旅游市场“倒二八”结构研究［J］．人文地理，2011，121（5）：127－132.

[21] 韩冬，黄丽华．基于旅游数字足迹的旅游流网络结构研究——以内蒙古自治区为例［J］．干旱区资源与环境，2018，32（3）：192－197.

[22] 胡勇．大城市郊区空间格局演变及其机制研究——以南京为例［D］．南京：南京师范大学，2018.

[23] 黄泰. 长三角城市群旅游流潜力格局演变及其影响因素 [J]. 资源科学, 2016, 38 (2): 364 - 376.

[24] 黄潇婷. 基于时间地理学的景区旅游者时空行为模式研究 [J]. 旅游学刊, 2009, 24 (6): 82 - 87.

[25] 黄潇婷. 基于时空路径的旅游情感体验过程研究——以香港海洋公园为例 [J]. 旅游学刊, 2015, 30 (6): 39 - 45.

[26] 黄潇婷, 李雯璇, 张海平, 等. 基于GPS数据的旅游时空行为评价研究 [J]. 旅游学刊, 2016, 31 (9): 40 - 49.

[27] 戢晓峰, 李康康, 陈方. 节假日旅游流时空分异及其形成机制——以云南省为例 [J]. 经济地理, 2018, 38 (3): 200 - 207.

[28] 纪星, 李铁君. 基于地理参考照片的西北五省游客时空格局研究 [J]. 河南科学, 2015, 33 (11): 2043 - 2049.

[29] 姜博, 初楠臣, 修春亮, 等. 高速铁路对欠发达地区可达性影响的空间差异——以哈大与郑西高铁为例 [J]. 人文地理, 2017, 32 (2): 88 - 94.

[30] 蒋依依, 温晓金, 刘焱序. 2001 - 2015年中国出境旅游流位序规模演化特征 [J]. 地理学报, 2018, 73 (12): 2468 - 2480.

[31] 靳诚, 徐菁, 黄震方, 等. 南京城市内部景点间游客流动特征分析 [J]. 地理学报, 2014, 69 (12): 1858 - 1870.

[32] 琚胜利, 陶卓民, 韩彦林. 南京乡村旅游景区游客网络关注与景区引力耦合协调度 [J]. 经济地理, 2017, 37 (11): 220 - 228.

[33] 郎朗. "地方"理论视角下的网络游记研究——以北京三里屯游记分析为例 [J]. 旅游学刊, 2018, 33 (9): 49 - 57.

[34] 黎巎. 基于Agent的景区游客行为仿真建模与应用 [J]. 旅游学刊, 2014, 29 (11): 62 - 72.

[35] 李创新, 马耀峰, 张颖, 等. 时空二元视角的入境旅游流集散空间场效应与地域结构——以丝路东段典型区为例 [J]. 地理科学, 2012, 32 (2): 176 - 185.

［36］ 李春明，王亚军，刘尹，等．基于地理参考照片的景区游客时空行为研究［J］．旅游学刊，2013，28（10）：30－35.

［37］ 李君轶，唐佳，冯娜．基于社会感知计算的游客时空行为研究［J］．地理科学，2015，35（7）：814－821.

［38］ 李山，邱荣旭，陈玲．基于百度指数的旅游景区网络空间关注度：时间分布及其前兆效应［J］．地理与地理信息科学，2008，24（6）：102－107.

［39］ 李涛，刘家明，徐庆颖，等．中国省域文化旅游资本的空间结构与流动——基于主题公园投资数据的分析［J］．地理研究，2017，36（7）：1283－1296.

［40］ 李欣存．基于网络游记的城市景区间游客流动网络结构研究——以苏州市为例［D］．南京：南京师范大学，2016.

［41］ 李旭，秦耀辰，宁晓菊，等．中国入境游客旅游目的地选择特征及变化［J］．资源科学，2014，36（8）：1635－1644.

［42］ 李渊，丁燕杰，王德．旅游者时间约束和空间行为特征的景区旅游线路设计方法研究［J］．旅游学刊，2016，31（9）：50－60.

［43］ 廉同辉，余菜花，宗乾进，等．我国旅游网站的网络结构研究——基于社会网络分析法［J］．旅游科学，2012，26（6）：80－88.

［44］ 梁保尔，潘植强．基于数字足迹的目的地关注度与共现效应研究——以上海历史街区为例［J］．旅游学刊，2015，7（30）：80－90.

［45］ 林岚，许志晖，丁登山．旅游者空间行为及其国内外研究综述［J］．地理科学，2007，27（3）：434－439.

［46］ 刘大均，胡静，程绍文，等．中国旅游微博空间分布格局及影响因素：以新浪微博为例［J］．地理科学，2015，35（6）：717－724.

［47］ 刘大均，谢双玉，陈君子，等．武汉城市圈旅游景区空间结构分形研究［J］．长江流域资源与环境，2013，22（10）：1276－1281.

［48］ 刘宏盈，韦丽柳，张娟．基于旅游线路的区域旅游流网络结构特征研究［J］．人文地理，2012，126（4）：131－136.

[49] 刘法建，张捷，陈冬冬，等. 中国入境旅游流网络结构特征及动因研究 [J]. 地理学报，2010，65 (8)：1013 - 1024.

[50] 刘法建，张捷，章锦河，等. 中国入境旅游流网络省级旅游地角色研究 [J]. 地理研究，2010 (6)：1141 - 1152.

[51] 刘军胜，马耀峰. 基于发生学与系统论的旅游流与目的地供需耦合成长演化与驱动机制研究——以西安市为例 [J]. 地理研究，2017，36 (8)：1583 - 1600.

[52] 刘军. 整体网分析：UCINET 软件实用指南 [M]. 上海：格致出版社，2014.

[53] 刘丽梅，吕君. 内蒙古 A 级旅游景区空间结构研究 [J]. 干旱区资源与环境，2016，30 (11)：203 - 208.

[54] 刘泽华，李海涛，史春云，等. 短期旅游流时间分布对区域旅游空间结构的响应——以云南省黄金周旅游客流为例 [J]. 地理学报，2010，65 (12)：1624 - 1632.

[55] 卢松，吉慧，蔡云峰. 黄山市自驾车入游流旅行空间行为研究 [J]. 地理研究，2013，32 (1)：179 - 190.

[56] 陆大道. 区域发展及其空间结构 [M]. 北京：科学出版社，1995.

[57] 陆林. 山岳风景区旅游者空间行为研究——兼论黄山与美国黄石公园之比较 [J]. 地理学报，1996，51 (4)：315 - 321.

[58] 陆林，汤云云. 珠江三角洲都市圈国内旅游者空间行为模式研究 [J]. 地理科学，2014，34 (1)：10 - 18.

[59] 陆相林，马育倩，孙中伟. 基于动态设施选址理论的跨城市旅游流网络优化——以京津冀城市群为例 [J]. 地理与地理信息科学，2019，35 (1)：58 - 63.

[60] 陆玉麒. 区域双核结构模式的形成机理 [J]. 地理学报，2002，57 (1)：85 - 95.

[61] 吕丽，陆林，凌善金，等. 上海世博会旅游者空间扩散网络分

析［J］. 旅游学刊，2013，28（6）：111－119.

［62］罗秋菊，梁思贤．基于数字足迹的自驾车旅游客流时空特征研究［J］. 旅游学刊，2016，31（12）：41－50.

［63］罗秋菊，梁思贤．基于数字足迹的自驾车旅游客流时空特征研究——以云南省为例［J］. 旅游学刊，2016，31（12）：41－50.

［64］马丽君，孙根年，黄芸玛，等．城市国内客流量与游客网络关注度时空相关分析［J］. 经济地理，2011，31（4）：680－685.

［65］马丽君，肖洋．典型城市居民国内旅游流网络结构特征［J］. 经济地理，2018，38（2）：197－205.

［66］马丽君，肖洋．湖南居民省内旅游流网络结构特征分析［J］. 河南科学，2019，37（2）：320－328.

［67］马晓龙，杨新军．中国4A级旅游区（点）：空间特征与产业配置研究［J］. 经济地理，2003，23（5）：713－720.

［68］马耀峰，李天顺，刘新平．旅华游客流动模式系统研究［M］. 北京：高等教育出版社，2001.

［69］毛端谦，张捷，包浩生，等．基于Landcaster特性理论的旅游目的地选择模式［J］. 地理研究，2005，24（6）：992－999.

［70］牛亚菲，谢丽波，刘春凤，等．北京市旅游客流时空分布特征与调控对策［J］. 地理研究，2005，24（2）：283－292.

［71］潘竟虎，李俊峰．中国A级旅游景点空间分布特征与可达性［J］. 自然资源学报，2014，10（1）：55－66.

［72］潘竟虎，从忆波．基于景点空间可达性的中国旅游区划［J］. 地理科学，2014，34（10）：1161－1168.

［73］潘竟虎，徐柏翠．中国国家级自然保护区的空间分布特征与可达性［J］. 长江流域资源与环境，2018，27（3）：353－362.

［74］秦静，李郎平，唐鸣镝，等．基于地理标记照片的北京市入境旅游流空间特征［J］. 地理学报，2018，73（8）：1556－1570.

［75］秦奇，吴良，李飞，等．基于社会网络分析的东南亚地缘关系

研究 [J]. 地理学报, 2018, 73 (10): 2014 - 2030.

[76] 尚雪梅. 京津冀区域旅游经济空间结构研究 [J]. 河北大学学报 (哲学社会科学版), 2012, 37 (3): 114 - 119.

[77] 尚雪梅, 王国强. 基于社会网络理论的区域旅游空间结构研究——以京津冀地区为例 [J]. 特区经济, 2010, 11: 66 - 68.

[78] 宋长青. 地理学研究范式的思考 [J]. 地理科学进展, 2016, 35 (1): 1 - 3.

[79] 宋振春, 赵彩虹, 李旭东. 中国出境旅游的社会认知研究——跨文化交流视角的网络文本分析 [J]. 旅游学刊, 2018, 33 (3): 75 - 88.

[80] 孙九霞, 周尚意, 王宁, 等. 跨学科聚焦的新领域: 流动的时间、空间与社会 [J]. 地理研究, 2016, 35 (10): 1801 - 1818.

[81] 孙烨, 张宏磊, 刘培学, 等. 基于旅游者网络关注度的旅游景区日游客量预测研究——以不同客户端百度指数为例 [J]. 人文地理, 2017, 32 (3): 152 - 160.

[82] 孙勇, 史春云, 唐雯雯, 等. 云南省旅游线路网络与空间结构特征 [J]. 人文地理, 2016, 31 (1): 147 - 153.

[83] 孙中伟. 流动空间的形成机理、基本流态关系及网络属性 [J]. 地理与地理信息科学, 2013, 29 (5): 107 - 111.

[84] 唐承财, 宋昌耀, 厉建新. 河北省入境旅游规模差异及影响因素分析 [J]. 人文地理, 2014, 29 (5): 155 - 160.

[85] 唐弘久, 保继刚. 我国主要入境客源地游客的时空特征及影响因素 [J]. 经济地理, 2018, 38 (9): 222 - 230.

[86] 唐佳, 李君轶. 基于微博大数据的西安国内游客日内时间分布模式研究 [J]. 人文地理, 2016, 31 (3): 151 - 160.

[87] 唐澜, 吴晋峰, 王金莹, 等. 中国入境商务旅游流空间分布特征及流动规律研究 [J]. 经济地理, 2012, 32 (9): 149 - 155.

[88] 陶全刚, 张洪岩, 程雄, 等. 基于县域单元的我国 3A 级以上

旅游景区空间集聚性研究［J］. 地理与地理信息科学，2017，33（3）：113－119.

［89］田晓霞，肖婷婷，张金凤，等. 喀什旅游产业集群社会网络结构分析［J］. 干旱区资源与环境，2013，27（7）：197－202.

［90］万绪才，王厚廷，傅朝霞，等. 中国城市入境旅游发展差异及其影响因素——以重点旅游城市为例［J］. 地理研究，2013，32（2）：337－346.

［91］汪德根，陈田，陆林，等. 区域旅游流空间结构的高铁效应及机理——以中国京沪高铁为例［J］. 地理学报，2015，70（2）：214－233.

［92］汪德根. 高铁网络化时代旅游地理学研究新命题审视［J］. 地理研究，2016，35（3）：403－418.

［93］汪德根，钱佳，牛玉. 高铁网络化下中国城市旅游场强空间格局及演化［J］. 地理学报，2016，71（10）：1784－1800.

［94］王凤，刘艳芳，孔雪松，等. 基于社会网络理论的农村社会空间联系分析——以武汉市黄陂区李集镇为例［J］. 经济地理，2016，36（4）：141－148.

［95］王娟，胡静，贾垚焱，等. 城市旅游流的网络结构特征及流动方式——以武汉自助游为例［J］. 经济地理，2016，36（6）：176－184.

［96］王俊，夏杰长. 中国省域旅游经济空间网络结构及其影响因素研究——基于 QAP 方法的考察［J］. 旅游学刊，2018，33（9）：13－25.

［97］王俊，徐金海，夏杰长. 中国区域旅游经济空间关联结构及其效应研究——基于社会网络分析［J］. 旅游学刊，2017，32（7）：15－26.

［98］王录仓，严翠霞，李巍. 基于新浪微博大数据的旅游流时空特征研究——以兰州市为例［J］. 旅游学刊，2017，32（5）：94－105.

［99］王宁宁，陈锐，赵宇. 基于信息流的互联网信息空间网络分析［J］. 地理研究，2016，35（1）：137－147.

［100］王绍博，郭建科. 中国风景名胜区交通可达性及市场潜力空间

测度［J］. 地理研究，2016，35（9）：1714－1726.

［101］王素洁，胡瑞娟，程卫红. 国外社会网络范式下的旅游研究评述［J］. 旅游学刊，2009，24（7）：90－95.

［102］王兴中. 社会地理学社会—文化转型的内涵与研究前沿方向［J］. 人文地理，2004，19（1）：2－8.

［103］王永明，马耀峰，任美霞，等. 中国入境游客多城市旅游空间网络结构［J］. 地理科学进展，2012，31（4）：518－526.

［104］王永明，王美霞，吴殿廷，等. 基于 ZINB 模型的中国省域间入境旅游流影响因素［J］. 经济地理，2018，38（11）：234－240.

［105］蔚海燕，戴泽钒，许鑫，等. 上海迪士尼对上海旅游流网络的影响研究——基于驴妈妈游客数字足迹的视角［J］. 旅游学刊，2018，33（4）：33－45.

［106］吴必虎，李咪咪，黄国平. 中国城市居民旅游目的地选择行为研究［J］. 地理学报，1997，52（2）：97－103.

［107］吴必虎. 上海市游憩者流动行为研究［J］. 地理学报，1994，49（2）：117－127.

［108］吴江，张秀香，叶玲翠，等. 不同时间尺度周期的旅游客流量波动特征研究——以西藏林芝市为例［J］. 地理研究，2016，35（12）：2347－2362.

［109］吴晋峰，潘旭莉. 入境旅游流网络与航空网络的关系研究［J］. 旅游学刊，2010，25（11）：39－43.

［110］吴晋峰，任瑞萍，韩立宁，等. 中国航空国际网络结构特征及其对入境旅游的影响［J］. 经济地理，2012，32（5）：147－152.

［111］吴晋峰. 入境外国旅游流网络分布、性质和结构特征研究［J］. 干旱区资源与环境，2014，28（7）：177－182.

［112］吴静，杨兴柱，孙井东. 基于新地理信息技术的南京市游客流动性空间特征研究［J］. 人文地理，2015，30（2）：148－154.

［113］吴良平，张健."一带一路"背景下入境客流集聚市场供给特

征研究［J］. 旅游学刊，2018，33（7）：40－51.

［114］吴志才，陈淑莲，郑钟强. 社会网络视角下的旅游规划决策研究——以潮州古城为例［J］. 旅游学刊，2016，31（12）：76－84.

［115］吴中堂，刘建徽，袁俊. 大陆居民赴台湾自由行旅游流网络分析及演化研究［J］. 旅游学刊，2016，31（10）：113－121.

［116］徐冬，黄震方，胡小海，等. 浙江省县域旅游效率空间格局演变及其影响因素［J］. 经济地理，2018，38（5）：197－207.

［117］徐红罡，薛丹. 旅游目的地仿生学空间关系研究：以安徽省古村落西递、宏村为例［J］. 地理科学，2011，31（12）：1518－1524.

［118］徐敏，曹芳东，朱海珠. 基于地理标记照片数据挖掘的游客流动特征及其形成机制：以苏州为例［J］. 经济地理，2020，40（4）：224－230.

［119］徐敏，黄震方，曹芳东，等. 基于大数据分析的城市旅游地网络结构特征及其演化模式：以新浪微博签到数据为例［J］. 地理研究，2019，38（4）：937－949.

［120］徐敏，黄震方，曹芳东，等. 基于在线预订数据分析的旅游流网络结构特征与影响因素——以长三角地区为例［J］. 经济地理，2018，38（6）：193－202.

［121］闫闪闪，梁留科，索志辉，等. 基于大数据的洛阳市旅游流时空分布特征［J］. 经济地理，2017，37（8）：216－224.

［122］杨敏，李君轶，杨钊. 基于旅游数字足迹的城市入境游客时空行为研究——以成都市为例［J］. 旅游科学，2015，29（3）：59－68.

［123］杨效忠，刘国明，冯立新，等. 基于网络分析法的跨界旅游区空间经济联系——以壶口瀑布风景名胜区为例［J］. 地理研究，2011，30（7）：1319－1330.

［124］杨效忠，张捷，乌铁红，等. 跨界旅游区的组织网络结构与合作模型——以大别山天堂寨为例［J］. 地理学报，2009，64（8）：978－988.

[125] 杨新菊，吴晋峰，王金莹，等．旅华外国团队旅游流地理分布和网络结构特征研究［J］. 资源科学，2013，35（4）：839－847.

[126] 杨新军，牛栋，吴必虎．旅游行为空间模式及其评价［J］. 经济地理，2000，20（4）：105－108.

[127] 杨兴柱，顾朝林，王群，等．旅游流驱动力系统分析［J］. 地理研究，2011，30（1）：23－36.

[128] 杨兴柱，顾朝林，王群．南京市旅游流网络结构构建［J］. 地理学报，2006，62（6）：609－620.

[129] 杨旸，刘宏博，李想．文化距离对旅游目的地选择的影响：以日本和中国大陆出境游为例［J］. 旅游学刊，2016，31（10）：45－55.

[130] 杨旸，刘法建．大数据旅游研究和应用中的几个问题［J］. 旅游学刊，2017，32（9）：3－4.

[131] 姚华松，薛德升，许学强．1990年以来西方城市社会地理学研究进展［J］. 人文地理学，2007，22（3）：12－17.

[132] 叶晓旋，曲鸣亚，保继刚．基于地理标记照片的粤港澳大湾区入境旅游流转移规律及空间结构特征［J］. 地理研究，2023，42（8）：2152－2171.

[133] 殷晶，高俊．基于社会网络理论的客源流对比分析——以沪宁杭团队客源流网络为例［J］. 旅游论坛，2012，5（4）：80－85.

[134] 于海波．网络话题作为定性数据来源的研究方法探讨——以旅游动机研究为例［J］. 旅游科学，2011，25（1）：46－53.

[135] 余凤龙，黄震方，陆林，等．发达地区农村家庭旅游目的地选择行为特征与影响机制［J］. 地理学报，2016，71（12）：2233－2249.

[136] 约翰斯顿．人文地理学词典［M］. 柴彦威，译．北京：商务印书馆，2004.

[137] 翟石艳，王铮．基于实验人文地理学的旅游目的地选择行为研究［J］. 旅游学刊，2014，29（1）：67－74.

[138] 查瑞波，孙根年，董治宝，等．引入调节变量的入境旅游对消

费物价影响分析——基于1999－2014年香港季度数据的实证研究［J］. 地理科学，2016，36（7）：1050－1056.

［139］查瑞波，孙根年，董治宝. 1976年以来香港入境旅游关系圈变化及指示性［J］. 地理学报，2016，71（10）：1801－1814.

［140］张捷，都金康，周寅康，等. 自然观光旅游地客源市场的空间结构研究——以九寨沟及比较风景区为例［J］. 地理学报，1999，54（4）：357－364.

［141］张鲜鲜，李婧晗，左颖，等. 基于数字足迹的游客时空行为特征分析——以南京市为例［J］. 经济地理，2018，38（12）：226－233.

［142］张晓梅，程绍文，刘晓蕾，等. 古城旅游地网络关注度时空特征及其影响因素——以平遥古城为例［J］. 经济地理，2016，36（7）：196－202.

［143］张研研，李君轶，杨敏. 基于旅游数字足迹的西安旅游流网络结构研究［J］. 人文地理，2014，29（4）：111－118.

［144］张永平，吴健生，黄秀兰，等. 海峡西岸经济区旅游景区（点）空间结构分析［J］. 资源科学，2011，33（9）：1799－1805.

［145］张佑印，顾静，马耀峰，等. 旅游流研究的进展、评价与展望［J］. 旅游学刊，2013，28（6）：38－46.

［146］张子昂，黄震方，曹芳东，等. 浙江省县域入境旅游时空跃迁特征及驱动机制［J］. 地理研究，2016，35（6）：1177－1192.

［147］张子昂，黄震方，靳诚，等. 基于微博签到数据的景区旅游活动时空行为特征研究——以南京钟山风景名胜区为例［J］. 地理与地理信息科学，2015，31（4）：121－126.

［148］钟士恩，张捷，韩国圣，等. 旅游流空间模式基本理论：问题分析及其展望［J］. 人文地理，2010，25（2）：31－36.

［149］周慧玲，许春晓. 基于游记行程的湖南旅游流空间网络结构特征［J］. 经济地理，2016，36（10）：201－206.

［150］朱冬芳，陆林，虞虎，等. 基于旅游经济网络视角的长江三角

洲都市圈旅游地角色［J］. 经济地理，2012，32（4）：149－154.

［151］朱海珠，曹芳东. 基于地理标记照片的游客流动网络结构特征及其流动模式：以扬子江城市群为例［J］. 长江流域资源与环境，2020，29（11）：2375－2382.

［152］Albert N. Centralized decentralization of tourism development：A network perspective［J］. Annals of Tourism Research，2017，40（3）：235－259.

［153］Alison J M，Maree A T. Understanding tourist behavior using means-end chain theory［J］. Annals of Research，2005，32（2）：259－262.

［154］Alivand M，Hochmair H，Srinivasan S. Analyzing how travelers choose scenic routes using route choice models［J］. Computers Environment & Urban Systems，2015，50：41－52.

［155］Amaro S，Duarte P. An integrative model of consumers' intentions to purchase travel online［J］. Tourism Management，2015，46（3）：64－79.

［156］Bhat S S，Milne S. Network effects on cooperation in destination website development［J］. Tourism Management，2018，29（6）：1131－1140.

［157］Borgers A，Timmermans H. Indices of Pedestrian Behavior in Shopping Areas［J］. Procedia Environmental Sciences，2014，22（5）：366－379.

［158］Braun，P. Regional. Innovation and tourism networks：The nexus between ICT diffusion and change in Australia［J］. Information Technology & Tourism，2004，6（4）：231－243.

［159］Caldeira A M，Kastenholz E. Spatiotemporal tourist behavior in urban destinations：A framework of analysis［J］. Tourism Geographies，2020，22（1）：22－50.

［160］Chancellor H C. Applying travel pattern data to destination development and marketing decisions［J］. Tourism Planning and Development，2012，

9 (3): 321 -332.

[161] Choi Y J, Park J W. The decision-making processes of duty-free shop users a goal directed behavior model: The moderating effect of gender [J]. Journal of Hospitality and Tourism Management, 2017, 31 (6): 152 -162.

[162] Crandall D, Backstrom L, Cosley D, et al. Inferring social ties from geographic coincidences [J]. National Academy of Sciences, 2010, 107 (52): 22436 -22441.

[163] Divisekera S. Economics of tourists consumption behavior: Some evidence from Australia [J]. Tourism Management, 2010, 31 (5): 626 -636.

[164] Dredge D. Networks, conflict and collaborative communities [J]. Journal of Sustainable Tourism, 2016, 14 (6): 562 -581.

[165] Dritsakis N. Cointegration analysis of German and British tourism demand for Greece [J]. Tourism Management, 2004, 25: 111 -119.

[166] Gnoth J. Tourism motivation and expectation formation [J]. Annals of Tourism Research, 1997, 24 (2): 283 -304.

[167] Howard J A, Sheth J N. The theory of Buyer Behavior [M]. New York: John Wiley and Sons, 1969: 467 -487.

[168] Jae H K, Imad A M. Forecasting international tourist flows to Australia: A comparison between the direct and indirect methods [J]. Tourism Management, 2005, 26 (1): 69 -78.

[169] Jakob L. Individuality and mass consumption in charter tourism [J]. Annals of Tourism Research , 2011, 38 (1): 319 -322.

[170] Kádár B, Gede M. Tourism flows in large-scale destination systems [J]. Annals of Tourism Research, 2021, 87: 103113.

[171] Kima J H, Moosa I A. Forecasting international tourist flows to Australia: A comparison between the direct and indirect methods [J]. Tourism Management, 2005, 26 (1): 69 -78.

[172] Kim Y J, Njite D, Hance M. Anticipated emotion in consumers in-

tentions to select eco-friendly restaurants: Augmenting the theory of planned behavior [J]. International Journal of Hospitality Management, 2013, 34 (5): 255 - 262.

[173] Kozak M. Comparative analysis of tourist motivations by nationality and destinations [J]. Tourism Management, 2002, 23 (6): 221 - 232.

[174] Lee S H, Choi J Y, Yoo S H, et al. Evaluating spatial centrality for integrated tourism management in rural areas using GIS and network analysis [J]. Tourism Management, 2013 (34): 14 - 24.

[175] Lew A A, McKercher B. Trip destination, gateways and itineraries: The example of Hong Kong [J]. Tourism Management, 2002, 23 (6): 609 - 621.

[176] Lew A, McKercher B. Modeling tourist movement: A local destination analysis [J]. Annals of Tourism Research, 2016, 33 (4): 403 - 423.

[177] Lue C, Crompton J L, Stewart W P. Evidence of cumulative attraction in multi-destination recreational trip decisions [J]. Journal of Travel Research, 1996, 35 (summer): 41 - 49.

[178] Marina N, Birte S, Trisha S. Networks, cluster, and innovation in tourism: A UK experience [J]. Tourism Management, 2006, 27 (4): 1141 - 1152.

[179] Massidda C, Etzo I. The determinants of Italian domestic tourism: A panel data analysis [J]. Tourism Management, 2012, 33 (3): 603 - 610.

[180] Mccabe S, Li C X, Chen Z X. Time for a radical reappraisal of tourist decision making? Toward a new conceptual model [J]. Journal of Travel Research, 2016, 55 (1): 3 - 15.

[181] McKercher B, Lau G. Movement patterns of tourism within a destination [J]. Tourism Geographies, 2017, 10 (3): 355 - 374.

[182] McKercher B, Packer T, Yau M, et al. Travel agents: Facilitators or inhibitors of travel for people with disabilities? [J]. Tourism Manage-

ment, 2003, 24 (4): 465 -474.

[183] Oppermann M. A model of travel itineraries [J]. Journal of Travel Research, 1995, 33: 57 -61.

[184] Oppewal H, Huybers T, Criuch G I. Tourist destination and experience choice: A choice experimental analysis of decision sequence effects [J]. Tourism Management, 2015, 48 (6): 467 -476.

[185] Orsi F, Geneletti D. Using geotagged photographs and GIS analysis to estimate visitor flows in natural areas [J]. Journal of Nature Conservation, 2013, 21 (5): 359 -368.

[186] Papatheodorou A. Why people travel to different places? [J]. Annals of Tourism Research, 2001, 28 (1): 164 -179.

[187] Park S, Xu Y, Jiang L. et al. Spatial structures of tourism destinations: A trajectory data Mining approach leveraging mobile big data [J]. Annals of Tourism Research, 2020, 84: 102973.

[188] Paulino I, Lozano S, Prats L. Identifying tourism destinations from tourists' travel patterns [J]. Journal of Destination Marketing & Management, 2020, 19: 100508.

[189] Pavlovich P, The evolution and transformation of a tourism destination network: The Waitomo Caves, New Zealand [J]. Tourism Management, 2003 (24): 203 -216.

[190] Pforr C. The makers and the shakers of tourism policy in the Northern Territory of Australia: A policy analysis of actors and their relational constellations [J]. Journal of Hospitality and Tourism Management, 2017, 9 (2): 134 -151.

[191] Raun J, Ahas R, Tiru M. Measuring tourism destinations using mobile tracking data [J]. Tourism Management, 2016, 57 (10): 202 -212.

[192] Roger M, Arch G W. Testing theory of planned versus realized tourism behavior [J]. Annals of Tourism Research, 2005, 32 (4): 905 -924.

[193] Rubright H, Kline C, Viren P P, et al. Attraction sustainability in North Carolina and its impact on decision-making [J]. Tourism Management Perspectives, 2016, 19: 1 -10.

[194] Samuel S K, Choong K L, David K. The Influence of push and Pull Factors at Korean National Parks [J]. Tourism Management, 2003, 24 (2): 169 -180.

[195] Saxena G. Relationship, networks and the learning region: Case evidence from the Peak District National Park [J]. Tourism Management, 2005, 26: 277 -289.

[196] Scott N, Chris Cooper, Rodolfo Baggio. Destination networks-four Australian cases [J]. Annals of Tourism Research, 2018, 35 (4): 169 -188.

[197] Seddighi H R, Nuttall M W, Theocharous A L. Does cultural background of tourists influence the destination choice? An empirical study special reference to political instability [J]. Tourism Management, 2001, 22 (2): 181 -191.

[198] Sharifpour M, Gabrielle W, Ritchie B W, et al. Investigating the role of prior knowledge in tourist decision making: A structural equation model of risk perceptions and information search [J]. Journal of Travel Research, 2014, 53 (3): 307 -322.

[199] Shinh H, Network characteristics of drive tourism destinations: An application of network analysis in tourism [J]. Tourism Management, 2006, (27): 1029 -1039.

[200] Sparks B A, Perkins H E, Buckley R. Online travel reviews as persuasive communication: The effects of content type, source and certification logos on consumer behavior [J]. Tourism Management, 2013, 39: 1 -9.

[201] Stewart W P, Vogt C A. Multi-destination trip patterns [J]. Annals of Tourism Research, 1997, 24 (2): 458 -461.

[202] Tobia L, Felix S. Effects of third-party information on the demand for more sustainable consumption: A choice experiment on the transition of winter tourism [J]. Environmental Innovation and Societal Transititions, 2011, 1 (2): 234-254.

[203] Urry J. Sociology beyond societies: Mobilities for the Twenty-first Century [M]. London, New York: Routledge, 2000: 2.

[204] Vicky L. Seiler S H, Michael J, et al. Modeling travel expenditure for Taiwanese tourism [J]. Journal of Travel & Tourism Marketing, 2002, 21 (3): 47-60.

[205] Vu H Q, Gang L, Law R, et al. Exploring the travel behaviors of inbound tourists to Hong Kong using geotagged photos [J]. Tourism Management, 2015, 46 (5): 222-232.

[206] Walsh R G, John K H, Mckean J R, et al. Effect of price on forecasts of participation in fish and wildlife recreation: An aggregate demand model [J]. Journal of Leisure Research, 1992, 24 (2): 140-156.

[207] Wesley S C, Lee M, Kim E Y. The role of perceived consumer effectiveness and motivational attitude on socially responsible purchasing behavior in South Korea [J]. Journal of Global Marketing, 2012, 25 (1): 29-44.

[208] Wolf I D, Stricker H K, Hagenloh G. Interpretive media that attract park visitors and enhance their experiences: A comparison of modern and traditional tools using GPS tracking and GIS technology [J]. Tourism Management Perspectives, 2013, 7: 59-72.

[209] Yousefi M, Marzuki A. An analysis of push and full motivational factors of international tourists to Penang, Malaysia [J]. International Journal of Hospitality & Tourism Administration, 2015, 16 (2): 40-56.

[210] Zoltan J, McKercher B. Analysing intra-destination movements and activity participation of tourists through destination card consumption [J]. Tourism Geographies, 2015, 17 (1): 19-35.